LES RAPPORTS DES COMMUNES

ET DES

FABRIQUES

ÉTUDE DE DROIT, DE JURISPRUDENCE ET DE LÉGISLATION

THÈSE POUR LE DOCTORAT

Présentée et soutenue : le Vendredi 19 Juin 1896 à 10 heures

PAR

Gaston BOUNIOLS

Avocat

Diplômé des Sciences Politiques.

Président : M. WEISS
Professeurs : M. LEFEBVRE
M. Henry MICHEL

PARIS

A. PEDONE, ÉDITEUR

LIBRAIRE DE LA COUR D'APPEL ET DE L'ORDRE DES AVOCATS
13, rue Soufflot, 13

1896

THÈSE

POUR

LE DOCTORAT

LES RAPPORTS DES COMMUNES

ET DES

FABRIQUES

ÉTUDE DE DROIT, DE JURISPRUDENCE ET DE LÉGISLATION

THÈSE POUR LE DOCTORAT

Présentée et soutenue : le Vendredi 19 Juin 1896 à 10 heures

PAR

M. Gaston BOUNIOLS

Diplômé des Sciences Politiques, avocat

———

Président : M. WEISS
Professeurs : M. LEFEBVRE
M. Henry MICHEL

PARIS

A. PEDONE, ÉDITEUR

LIBRAIRE DE LA COUR D'APPEL ET DE L'ORDRE DES AVOCATS
13, rue Soufflot, 13

1896

BIBLIOGRAPHIE

Affre (Mgr). — Traité de l'Administration temporelle des Paroisses.

André. — Cours alphabétique de droit ecclésiastique.

André (Maurice). — Les Sépultures.

Aucoc. — Articles de la *Revue Critique*.

Béquet. — Répertoire administratif aux mots " Commune", "Culte".

Borde. — Droits des Communes et des Fabriques sur les édifices du culte (thèse pour le Doctorat).

Carette. — Libéralités faites aux fabriques d'églises (thèse pour le Doctorat).

Campion. — Manuel civil de Droit Ecclésiastique.

Chavegrin. — Cours de Droit Administratif à la Faculté de Paris, 1892-1893: Législation des Cultes.

Ducrocq. — Eglises et autres édifices du culte catholique. Cours de Droit Administratif.

Dufour. — Traité de Droit Administratif appliqué.

Gaubert. — Régime des Pompes funèbres.

Gaudry. — Traité de la Législation des Cultes.

GIROD. — Administration des Fabriques paroissiales.

HAURIOU. — Précis de Droit administratif.

MARIE. — Traité du Régime légal des Paroisses catholiques.

MARQUÈS DI BRAGA ET TISSIER. — Manuel de la Comptabilité des Fabriques.

MORGAND. — La loi municipale.

LEGLUDIC. — Rapport à la Chambre des Députés (1891).

OLLIVIER (Emile). — Nouveau manuel de droit ecclésiastique français.

RAMEL (de). — La loi du 5 avril 1884.

TISSIER. — Dons et legs (thèse pour le Doctorat).

VUILLEFROY. — Traité de l'administration du culte catholique.

RECUEILS

Périodiques et Répertoires Dalloz, Sirey, Pandectes françaises.

Arrêts du Conseil d'Etat; Macarel et Lebon.

Revue Critique ; Revue d'Administration ; Revue générale de Droit; Revue catholique des Institutions et du Droit.

Journal des Conseils de fabrique.

Dictionnaire des Finances, publié sous la direction de Léon Say.

INTRODUCTION

Nous nous croyons dispensé de commenter le titre, sans doute assez explicite, de ce travail.

Si les études juridiques tendent à définir et à coordonner les relations sociales des personnes physiques ou morales entre elles ; s'il est vrai que le propre des lois et de leurs interprètes est de dégager ce que Montesquieu appelle les « rapports qui résultent de la nature des choses », nous avons, dans notre sujet limité, recherché sinon atteint ce but.

Si, dans un domaine voisin, mais distinct, l'administration a mission de concrétiser, de réaliser le droit, de pourvoir aux besoins de la pratique et aux contingences de la vie courante, notre travail est administratif par ce côté.

Que si on nous demande raison du choix du sujet, nous dirons qu'en abordant un ordre d'idées et, en quelque sorte, une série de phénomènes, indéfiniment répétés sur plus de trente-six mille points du territoire, nous avons voulu éviter le reproche, que méritent les vaines scolastiques. — Et, d'autre part, par la méthode, par l'examen des hypothèses, par l'essai de généralisation, nous nous sommes affranchi de l'amoncellement et de l'incohérence des faits.

Le titre même dira que seules les questions, qui appellent le concours ou le conflit de la commune et de la fabrique, nous ont retenu. Les indications relatives au régime distinct de l'une ou de l'autre, n'ont été insérées ici que pour l'intelligence de nos explications.

Le plan de cette étude se justifie par lui-même. Il convenait de déterminer assez brièvement le *régime des fabriques*, fixe aujourd'hui sinon définitif, d'examiner séparément les *libéralités* qui les concernent, la condition des *églises*, des *presbytères*, des *cimetières* et la *législation des Pompes funèbres*. — Telles sont bien les six parties de cet ouvrage.

PREMIÈRE PARTIE

RÉGIME DES FABRIQUES

CHAPITRE PREMIER

On peut définir la fabrique le « corps des admi-
« nistrateurs chargés de régir les intérêts tempo-
« rels, c'est-à-dire les biens et les revenus des
« églises ».

C'est un organisme nécessaire, dont il faut faire
remonter l'origine au concile de Mayence (1549)
sans croire cependant qu'il y eut, dès cette époque,
une législation générale sur la matière. Deux
siècles plus tard, en 1749, un Edit règlemente les
libéralités faites aux gens de mainmorte, aux
fabriques notamment, en faveur desquelles une
dérogation fut apportée par la déclaration du
20 juillet 1762.

Le trait le plus caractéristique, que nous verrons d'ailleurs plus d'une fois reparaître au cours de ce siècle, de ces institutions sous l'ancien régime est l'étendue de leur rôle. Simples en principe, leurs attributions sont multiples en fait. Le « temporel des églises » tel est, dit-on, le domaine limité des fabriques, qui cependant se chargent de l'assistance publique, établissent des écoles de charité, font l'office de bureaux de placement, etc.

Elles étaient soumises à des règlements particuliers, comme celui de Saint-Jean-de-Grève, à Paris, approuvé le 2 avril 1737 par un arrêt du Parlement, comme celui de la paroisse Saint-Louis, à Versailles, approuvé le 20 juillet 1740. — Tels sont les textes les plus connus et aussi les plus usités même et surtout au début du XIXe siècle, dans la confection des règles nouvelles. Si tout l'effort de la société issue de la Révolution a été, comme l'ont montré Mme de Staël et de Tocqueville, de continuer et de reproduire l'Ancien Régime, cela est vrai aussi dans la question qui nous occupe.

Dans le droit intermédiaire, des négations sommaires et des tendances simplistes se manifestent, mais non point un système. Décret du 4 novembre 1789 : mise à la disposition de la nation des biens des fabriques. Décret du 5 no-

vembre 1790, qui prépare la loi des 19 août —
3 septembre 1792 : mise en vente des immeubles
des fabriques, suivant les formes adoptées pour
la vente des biens nationaux. — Les fabriques
n'étaient point encore dépouillées : elles le furent
par le Décret du 13 Brumaire an II, qui attribue,
sans compensation, tout leur actif au domaine
national. — C'était leur suppression implicite,
sans qu'aucun texte de loi la prononçât expressément : c'était la chose sans le mot.

Cette solution n'en était pas une. Aussi bien,
la restauration religieuse va se produire par le
Concordat. Quant aux fabriques, la loi organique du
18 Germinal an X en prescrit l'établissement « pour
« veiller à l'entretien et à la conservation des tem-
« ples et à l'administration des aumônes (art. 76). »

Le principe est posé.

L'application aura lieu : par la décision du
9 Floréal an XI qui autorise les évêques à les
constituer par des règlements, d'ailleurs provi-
soires et soumis à l'autorisation gouvernementale ;
par le décret du 7 Thermidor an XI, qui restitue
aux fabriques leurs biens non aliénés et en confie
l'administration à des marguilliers spéciaux. Dès
lors, deux fabriques coexistent : celle-ci chargée
de ces derniers biens, nommée par le préfet et
appelée *fabrique extérieure* ; celle-là, instituée

en vertu de la loi organique de l'an X et de la décision de l'an XI, nommée par l'évêque, gérant le produit des recettes d'église et appelée *fabrique intérieure*. Cette dualité est condamnée d'avance.

Un décret du 31 mai 1806 intervient pour régler au profit des fabriques le sort des biens des églises supprimées. Il est surtout intéressant, comme nous le verrons, par les dispositions que tels commentateurs ont cru y apercevoir. Il est mis fin au régime de la dualité, au régime du provisoire par le décret du 30 décembre 1809 véritable « code des Fabriques » dont nous déterminerons, dans le deuxième chapître, l'esprit et la portée.

Malgré ses mérites, cet acte n'a pas été, ne pouvait pas être intangible, définitif. Il a été complété : par une loi du 2 janvier 1817, relative aux dons et legs ; par l'ordonnance du 12 janvier 1825, concernant la composition et la réunion des conseils de fabrique ; par la loi municipale du 18 juillet 1837, qui a précisé les obligations communales.

Obligations bien lourdes, a-t-il semblé au législateur de 1884 (loi du 5 avril), qui les a limitées, malgré les discours de MM. de Pressensé et Bardoux au Sénat et, à la Chambre, de Mgr Freppel, favorables au statu quo ; qui, d'autre part, a créé pour les fabriques, la charge de communiquer aux municipalités leurs comptes et budgets. A considérer ces innovations dans leur fondement et dans leurs résultats, on y découvre une évolution laïque, logique et bien inspirée, qui, après expérience, doit désarmer ceux qui y étaient hostiles.

Cette réforme ne suffisait pas ; il fallait mettre un terme aux lacunes et aux défectuosités de la comptabilité des Fabriques. L'article 78 de la loi de Finances du 26 janvier 1892 et le règlement du 27 mai 1893, qui méritent dans notre étude plus qu'une mention, ont eu ce but et ce résultat. Ils ont provoqué dans le monde ecclésiastique une alarme passagère : ils ne sauraient soulever aucune critique véritablement fondée.

Telles sont les sources de cette législation, dont on peut dire qu'elle n'est pas l'œuvre d'un jour, mais qu'elle est l'œuvre d'une même pensée, ce qui est une double louange.

CHAPITRE II

La fabrique n'est pas la *paroisse* « circonscrip-« tion ecclésiastique à laquelle correspond l'un des « titres de cure, de succursale ou de chapelle, » ni *l'église* « édifice où se célèbre le culte ».

Elle est un établissement public « chargé de « veiller à l'entretien et à la conservation des « édifices du culte, d'administrer les fonds affectés « à l'exercice du culte, d'assurer cet exercice et le « maintien de sa dignité en réglant les dépenses né-« cessaires et les moyens d'y pourvoir » (Décret du 30 décembre 1809, art. 1er). Elle est donc une personne morale, chargée d'un service public. Elle fait partie intégrante de l'administration.

Deux organes la représentent : le conseil de fabrique, le bureau des marguilliers.

Le conseil de fabrique, c'est-à-dire le pouvoir délibérant se compose : de membres de droit, qui sont le curé ou desservant et le maire; d'autres membres, qui sont cinq dans les paroisses de moins de 5000 âmes et neuf dans les paroisses de plus, qui, à l'origine, sont nommés partie par l'évêque et partie par le préfet, qui, ensuite, se renouvellent partiellement, tous les trois ans et par élection. Il a, chaque année, quatre séances ordinaires, peut avoir des séances extraordinaires, est révocable d'ailleurs. Il statue sur tous les objets excédant les bornes de l'administration ordinaire.

Le bureau des marguilliers, c'est-à-dire le pouvoir exécutif, se compose d'un membre de droit, le curé ou desservant et de trois membres élus par

le conseil de fabrique. Il a une séance ordinaire
par mois. Il prépare et exécute les délibérations du
conseil.

L'action appartient donc à cette assemblée, ce
qui heurte directement le principe « agir est le
fait d'un seul » Cette dérogation se justifie ou s'ex-
plique tout au moins par cette circonstance que le
bureau des marguilliers fait seulement des actes
de gestion, qui, moins que les actes d'autorité,
exigent l'unité de vues et l'esprit de décision.

Etant établissements publics, les fabriques sont
en tutelle et, puisqu'elles touchent aux cultes, fortement rattachées à l'Etat. Ce n'est ni sans raison
ni sans intérêt pratique. « Il y aurait inconvénient
« à les rattacher à la commune, qui ne mettrait
« peut-être pas, dit Hauriou, dans l'exercice de la
« tutelle, la même impartialité que l'Etat. »

Si, comme dit Fleury, aucune communauté ne
peut subsister sans avoir quelques biens communs,
quels sont donc ceux des fabriques ? Procédant par
exclusion, nous dirons d'abord qu'il ne faut pas y
comprendre ceux qui constituent la mense curiale,
dont les revenus sont exclusivement affectés à
former une dotation perpétuelle en faveur des curés
ou desservants.

Sont biens des fabriques ceux qui, leur ayant été

confisqués par les lois du 24 août et 3 novembre
1793, leur furent restitués par l'arrêté du 7 Thermidor an XI. Il n'y a qu'une condition : la nécessité
d'un envoi en possession par un arrêté spécial du
préfet, approuvé par le ministre des finances et
rendu dans les formes tracées par l'avis du Conseil
d'Etat du 25 janvier 1807. Condition exigée pour
éviter les contestations de propriété, que pourraient
provoquer les communes ou les particuliers et à
laquelle il n'est dérogé que quand la prescription
est acquise à la commune par une possession de 30
ans. Toute fabrique, qui n'a pas obtenu l'envoi en
possession est restée dessaisie de la propriété
des biens domanialisés, et, spécialement, ainsi
qu'il a été jugé, de la propriété d'un terrain dont
l'affectation à un service public communal, comme
l'est la sépulture des morts, suffit par elle-même à
prouver la propriété de la commune : telle est donc
la sanction rigoureuse.

Sont encore biens des fabriques : ceux qu'elles
ont acquis à titre gratuit ou à titre onéreux; les
produits de perceptions publiques : locations de
chaises, quêtes, oblations perçues en vertu du tarif;
les subventions communales, qui, hormis deux
cas déterminés, sont facultatives.

Ce domaine privé comporterait-il des particula-
rités ? Il est aliénable, prescriptible, mais insaisis-

sable comme celui de la commune, comme celui des établissements publics : par suite est nulle et de nul effet la saisie-exécution pratiquée sur le mobilier d'une église à la requête d'un créancier de la fabrique.

Biens et revenus n'existent que pour faire face aux charges des fabriques. Quelles sont ces charges ? La loi leur impose directement les frais nécessaires du culte, le paiement du personnel, les honoraires des prédicateurs, la décoration et l'embellissement intérieur de l'église, l'entretien des presbytères, églises, et, après controverse, des cimetières.

Voilà l'organisation, le patrimoine, la destination de cet établissement public. Quelle est sa capacité ? Elle est restreinte par la spécialisation, et restreinte aussi par la nécessité de l'autorisation gouvernementale, précédée de l'avis, sinon justifiée par l'assentiment du conseil municipal.

Nous sommes d'ailleurs dans le droit commun, dans la tradition. Ce qui n'est pas traditionnel, c'est le droit pour les municipalités de prendre *communication*, dans tous les cas, *des budgets et comptes* des fabriques, (art. 70, 5° de la loi du 5 avril 1884) alors qu'antérieurement elles n'avaient ce droit que lorsqu'elles venaient au secours des fabriques. Combattue par Mgr Freppel, cette innovation fut justifiée par M. Ant. Dubost qui fit valoir : qu'on avait simplement fait passer le fait dans la loi, ce qui est de bonne législation; que, votant souvent des subventions obligatoires ou non, les conseils municipaux doivent le faire en pleine connaissance de cause. A ce propos, au cours de la discussion, M. Ganault esquissa une théorie, que nous indiquons et répudions incidemment : selon lui, il y aurait identité de situation entre les fabriques et les hospices et bureaux de bienfaisance et sujétion égale à la même tutelle communale. Assimilation trompeuse, car la commune est obligée de venir en aide aux établissements hospitaliers en cas d'insuffisance de ressources, mais non à la fabrique; car enfin, celle-ci est moins une annexe de la commune qu'une dépendance de l'Etat, comme nous l'avons indiqué avec M. Hauriou.

Cette communication est ainsi réglementée : elle a lieu après la séance de Quasimodo et précède l'approbation (Circulaire des cultes du 18 mai 1885); elle donne droit aux municipalités de faire parvenir leurs observations au préfet, qui, s'il les juge fondées, en saisit l'évêque, en insistant au besoin auprès de lui sur les raisons qui militent en faveur des critiques formulées : elle leur permet, au cas où elles sont saisies d'une demande de secours, de demander les pièces justificatives. — Légitime en soi, cette obligation de communiquer comptes et budgets ne présente, en pratique, aucun caractère vexatoire ni, à l'épreuve, aucun mauvais résultat.

Baux. — Il est écrit dans l'art. 1712 du Code Civil : « Les baux des établissements publics sont « soumis à des règlements particuliers » ce qui se réfère non point aux droits et obligations des parties, mais à la forme et à la durée du contrat. De ce texte il faut rapprocher l'art. 60 du décret du 30 décembre 1809 : « Les maisons et biens ruraux ap- « partenant à la fabrique seront affermés, régis et « administrés par le bureau des marguilliers dans « la forme déterminée pour les biens communaux ».

Donner à bail, est-ce pour la fabrique une faculté ou une nécessité ? Elle est libre, en principe, d'affermer ses biens et de les exploiter directement, et elle prendra ce dernier parti, quand ils n'exigent pas une culture journalière, quand ce sont, par exemple, des prairies ou des bois.

Suivant le droit commun, il importe de distinguer les baux, simples actes d'administration, des autres, qui, plus importants, exigent plus de précautions et plus de formalités. L'art. 62 du décret de 1809 et la loi du 25 mai 1835 classent les baux de maisons (ou biens urbains) n'excédant pas neuf années et les baux de biens ruraux, n'excédant pas

18 ans dans la 1ʳᵉ catégorie. Il n'est plus difficile de fixer de quoi se compose la deuxième.

Pour ceux de la 1ʳᵉ catégorie, il fallait une autorisation préfectorale (Loi du 18 Juillet 1837, art. 47). La loi de 1884, qui en dispense les communes, doit-elle s'appliquer également aux fabriques? Non, d'après quelques auteurs, qui remarquent qu'aucun texte n'autorise cette extension. Oui, dans l'opinion admise (dans ce sens, Répertoire Béquet, traité de M. Marie) et par suite, les fabriques règlent librement les conditions de ces locations.

Pour ceux de la 2ᵉ catégorie — baux de maisons d'une durée supérieure à neuf ans et baux de biens ruraux dépassant 18 ans — l'art. 62, déjà cité, exigeait un décret d'approbation. Une doctrine indiquée par Dalloz (voir au Répertoire mot : Cultes) pense qu'il n'en est plus ainsi, puisque les communes, dont il faut appliquer les règles aux fabriques ont à obtenir seulement l'approbation préfectorale en vertu du décret du 25 mars 1852 (tableau A, paragr. 51). On connaît l'esprit de cette mesure, appelée d'abord décentralisation, appelée ensuite et plus exactement décret de *déconcentration*, puisqu'elle fait passer des attributions du pouvoir central non pas au département ou aux communes, mais au pouvoir régional de l'Etat lui-même. Nous avons une opinion contraire, fondée sur cette considération qu'une loi municipale ne saurait déroger tacitement à la législation générale des cultes, et sur ce fait que les rédacteurs de la loi de 1884 n'ont pas voulu cette extension : aujourd'hui comme hier, il faut donc un décret approbatif.

Quant à la forme des locations, le droit commun exige la mise aux enchères, après publication et affiches, sauf dérogation apportée par l'acte d'autorisation. Indiquons, sans insister, la partie de l'article 70 de la loi du 5 avril 1884 qui appelle les conseils municipaux à donner leur avis sur les baux des fabriques. Toutes difficultés relatives à l'exécution de ces contrats sont naturellement de la compétence judiciaire.

Aliénations. — Il ne s'agit, on le devine, que d'aliénation à titre onéreux.

Portant sur des meubles corporels, elles seront examinées plus loin à propos des églises et de leurs dépendances, suivant une distinction importante entre les meubles d'un usage courant et ceux qui sont considérés comme des objets d'art.

Portant sur des immeubles ou sur des valeurs incorporelles, ce sont des actes graves, appelant l'exercice vigilant de la tutelle, ayant besoin de l'avis de la municipalité et de l'autorisation par décret rendu en Conseil d'État, obligeant le notaire à exiger et à insérer dans le contrat ce décret préalable, exigeant l'indication dans la demande, de la cause de l'aliénation, de l'emploi qui sera fait du produit, et, à défaut, le placement en rentes 3 0/0 sur l'État. Il n'y a pas seulement des conditions de forme : au fond, ces opérations sont de plus en plus facilement admises ; on veut affranchir les fabriques des charges et les priver des avantages que comporte le développement de la mainmorte. Quant à la manière d'effectuer la vente, aucune raison ne s'oppose à l'application des règles et, en l'espèce, des faveurs, propres aux communes : il faut admettre ici l'adjudication en la forme administrative, sans l'assistance du notaire. Le domaine des fabriques étant limité, il apparaît que les aliénations immobilières pourront surtout avoir pour objet les églises et presbytères désaffectés.

Placement des Capitaux et *Mainlevées d'Hypothèques*. — Les sources des capitaux des fabriques sont diverses : leur emploi est unique, qu'ils soient grevés ou non de services religieux. Dès qu'ils sont disponibles, ils doivent être placés en rentes 3 0/0 sur l'État ou en obligations du Crédit Foncier, sur autorisation préfectorale, au moins quand ces fonds constituent des excédents de recettes. S'ils proviennent d'aliénations ou de libéralités, il est statué conjointement sur l'opération qui procure le capital, et sur celle qui l'utilise. Il est aisé de voir que ce mode de placement a été préféré à cause de la sécurité qui, pour ainsi dire, est son essence. La pratique l'évite souvent pour recourir aux titres au porteur ou à tel autre emploi de fonds. Regrettons-le et rappelons que les conseils de fabrique sont révocables, exposés à l'application de l'article 1383 du Code civil, donnant ouverture à une action en dommages, et soumis au contrôle attentif de toute comptabilité publique. Rien n'excuse des irrégularités, qu'il est aussi loisible à l'autorité de prévenir que de réprimer.

Arrive-t-il aux fabriques de se trouver dans le cas ou dans la nécessité d'inscrire des hypothèques à leur profit? Elles peuvent prendre cette mesure conservatoire pour garantir leurs droits. Par suite, quand leur intérêt n'est plus en cause, ou, au moins, en péril, elles peuvent être appelées à donner mainlevée de leur hypothèque. A quelle condition? Ici encore, la tutelle n'a jamais cessé de s'exercer, encore que d'une manière différente. Une mainlevée accordée par les communes, et de même — par une extension créée par la jurisprudence — par les fabriques, était soumise à l'approbation préfectorale, en vertu de l'Ordonnance du 15 juillet 1840. Ce texte est abrogé par la loi de 1884 et désormais, assimilant cet acte à une aliénation, on exige une autorisation par décret rendu en Conseil d'État.

Même forme — et pour les mêmes raisons — est exigée pour les transactions des fabriques.

Acquisitions. — Faites à titre gratuit, elles font l'objet de la seconde partie de cet ouvrage.

Faites à titre onéreux, elles ne sont pas soumises à une règle commune. Une distinction tripartite s'impose.

I. — Une fabrique, par l'intermédiaire de son trésorier, ne peut acquérir des immeubles qu'après un décret d'autorisation, rendu en Conseil d'État. Cette formalité doit précéder la passation de l'acte. Elle est nécessairement préalable, sauf au cas d'adjudication publique, où, en raison de l'urgence, un contrôle postérieur suffit.

Cette intervention de l'autorité a pour fondement des raisons qu'il serait superflu de développer et pour effet de restreindre les acquisitions d'immeubles dans d'étroites limites. On ne les permet que pour des motifs d'utilité publique, lorsqu'il s'agit, par exemple, d'acheter le terrain nécessaire à la construction d'un presbytère, d'une église. La jurisprudence est invariable sur ce point.

Le droit commun retrouve ici son application :

nécessité d'un avis du Conseil municipal ; choix pour l'acte entre la forme notariée et la forme administrative.

II. — En sens inverse, les objets mobiliers nécessaires à l'exercice du culte sont achetés librement, sans formalités. C'est l'exercice, par le bureau des marguilliers, de ses pouvoirs d'administration. Il en est du moins ainsi, quand ces opérations ont lieu au moyen des ressources ordinaires.

III. — Reste une troisième hypothèse : l'acquisition d'objets mobiliers au moyen soit de revenus excédant l'acquit des charges ordinaires, soit de ressources extraordinaires. La solution diffère et la nécessité de l'autorisation gouvernementale s'impose. Ce dernier point, qui se justifie par la raison que ces ressources ont une destination déterminée, à laquelle les fabriques ne doivent les soustraire qu'après autorisation, est contesté par des auteurs qui altèrent les exposés juridiques par considérations religieuses, Vuillefroy, Gaudry, Mgr Affre, Campion.

Des règles qui précèdent, il faut déduire que l'*échange*, qui est à la fois une acquisition et une aliénation, est soumis aux mêmes formalités, même s'il a lieu entre une fabrique et une commune.

Ainsi, il a été jugé justement qu'il ne peut résulter de l'usage fait par la fabrique avec l'assentiment de la commune d'un terrain communal aux lieu et place d'un terrain appartenant à la fabrique et joignant la voie publique. (Cassation, 27 juin 1853.)

Emprunts. — La destination des fabriques et le silence, à cet égard, du décret de 1809 semblent également s'opposer à ce qu'elles contractent des emprunts. On peut ajouter que, privées des fonds nécessaires aux grosses réparations ou à l'indemnité de logement, due au curé, elles peuvent et doivent en laisser la charge aux communes. Une prohibition serait trop absolue, bien qu'il reste vrai que les fabriques ne doivent recourir à l'emprunt qu'exceptionnellement et pour les seuls cas urgents. Quant à la forme, elles ont à produire, avec les pièces justificatives, l'avis du Conseil municipal et à obtenir un décret d'autorisation. Dans son commentaire de la loi de 1884, M. de Ramel a prétendu que les formalités sont variables et qu'il faut appliquer aux fabriques l'article 119, visant les communes. L'approbation serait donnée tantôt par arrêté préfectoral, tantôt par décret simple, tantôt par décret rendu en Conseil d'Etat. Opinion isolée et erronée, si l'on pense avec nous que la matière du culte n'a pas été décentralisée, ni même « déconcentrée ».

Ces règles ont une sanction : l'emprunt non autorisé est atteint d'une nullité relative, susceptible d'être invoquée par la fabrique et maintenue même si celle-ci en avait tiré profit, l'autorité judiciaire n'ayant pas à apprécier l'utilité de cet emprunt. Dans un arrêt du 4 novembre 1891, la Cour de Cassation a fait une application de cette idée.

Les prêts sont souvent accompagnés de modalités ou de garanties : le débiteur consent fréquemment une hypothèque. Une fabrique le peut-elle? Aucun texte ne nous éclaire sur ce point. Raisonnons. Les communes sont empêchées, en fait, de donner à leurs créanciers une telle sûreté, qui ne serait qu'un leurre, leurs biens étant insaisissables. Une lettre du Ministre de l'Intérieur (30 janvier 1835) est catégorique dans ce sens. Le domaine des établissements publics est soumis aux mêmes règles que celui des communes, et, d'autre part, la tutelle exercée sur les fabriques nous impose ici de les assimiler aux communes. Dès lors, point de constitution d'hypothèque à autoriser. Les prohibitions étant de droit étroit, celle-ci ne devrait d'ailleurs pas s'étendre aux biens non affectès à un service public.

Procès. — Les fabriques ont besoin d'une autorisation émanant du Conseil de Préfecture et pré-

cédée d'un avis du Conseil municipal, pour ester
en justice, quelle que soit la nature de l'action,
possessoire ou pétitoire, mobilière ou immobilière,
d'importance considérable ou de très-minime
intérêt, devant tous les tribunaux, à l'exception
des tribunaux administratifs. Devant ces derniers,
elles sont appelées pour plaider contre les arrêtés
de conseils de préfecture, contre les décisions
ministérielles, contre les décrets. Hormis cela,
relèvent de la juridiction de droit commun toutes
contestations des fabriques relatives à la propriété
des biens et toutes poursuites à fin de recouvrement des revenus.

Il y a lieu d'appliquer ici les règles édictées par
la loi du 5 avril 1884 relativement aux actions
judiciaires des communes, avec cette triple rigueur : que l'autorisation est nécessaire même
pour une action possessoire, (Cassation, 25 mars
1879) qu'elle ne peut être provoquée au nom de la
fabrique par un habitant de la paroisse ni suppléée
par le défaut de décision de la part du Conseil de
Préfecture.

On le voit, le droit commun des établissements
publics, soumis à une vigilante tutelle, s'applique
ici dans toute son étendue, même et surtout au
sujet des *Dons et Legs*, que nous examinerons
dans la seconde partie. Seuls sont librement

permis les actes de simple administration et, à ce titre, les mesures conservatoires, telle qu'une instance de référé.

CHAPITRE III

La Comptabilité des fabriques a subi, au cours du temps, des changements de forme et de fond, dont il est essentiel de signaler les causes et de préciser la portée.

Le décret de 1809 établit la nécessité d'un budget, se divisant en dépenses et recettes, ordinaires et extraordinaires, et comportant, le plus souvent, un déficit, comblé à l'aide de subventions communales. Ainsi, le recours à la municipalité est un droit pour les fabriques dénuées de ressources suffisantes pour faire face soit aux frais ordinaires du culte soit aux grosses réparations des églises soit à l'indemnité de logement due au curé.

Ce budget, voté par le conseil, approuvé par l'évêque, communiqué au conseil municipal, est exécuté et aboutit à la reddition, de la part du trésorier, de comptes trimestriels et d'un compte annuel.

On voit donc le lien étroit qui unit la comptabilité de la fabrique à celle de la commune : dès que l'une est sans ressources, elle fait appel à l'autre. Aussi, « ce système peut-il être qualifié de système « du *déversoir*, le trop-plein des dépenses de la « première, retombant sur la seconde » (1).

Ce dernier caractère et l'étendue de ces charges communales ont soulevé des objections nombreuses, vives, qui ont trouvé leur écho dans l'élaboration de la loi de 1884. L'obligation éventuelle des [communes aux grosses réparations et à l'indemnité de logement du prêtre est demeurée à l'abri des critiques. Ce qu'on voulait répudier, supprimer dans le décret de 1809 et dans la loi de 1837, c'est l'obligation aux frais nécessaires du culte, c'est-à-dire à la tenue des ornements d'église, des cloches, à l'embellissement, aux réparations locatives, à la célébration des services religieux ordonnés par le gouvernement... En fait, d'après des statistiques, d'ailleurs contestées comme il arrive toujours, cette dernière charge évaluait, annuellement dans l'ensemble de nos communes, à 400.000 francs pour les dépenses du culte et à 1.400.000 francs pour le traitement des vicaires. Elle paraissait injustifiée, abusive, contraire à la destination des finances

(1) Marquès di Braga et Tissier, *Comptabilité des fabriques*, p. 27.

municipales, surtout à une époque où les idées de neutralité religieuse étaient dans la pleine force de la quasi-nouveauté.

Après des discussions vives, serrées, l'obligation est supprimée et cette réforme, dont on perçoit les avantages pour les communes, est insérée dans la loi du 5 avril 1884 (art. 136, 11° et 12°), comme y est inséré le droit d'obtenir, dans tous les cas, la communication des budgets et comptes des fabriques. Il n'est d'ailleurs pas entré dans l'esprit du législateur de mettre obstacle aux subventions facultatives, mais plutôt de les rendre telles.

Pour apprécier le projet admis, il suffit de le rapprocher de ceux qui ont été repoussés. D'après l'un, la commune aurait absorbé la fabrique, obtenu vraisemblablement moins de ressources de la part des fidèles et, par conséquent, augmenté ses charges propres. D'après l'autre, on eût mis à part les frais du culte, pesant sur la fabrique et ceux de l'édifice, grevant la commune : système, qui eût imposé, au contraire à la fois de ce qui est et de ce qui doit être, les réparations, même d'entretien, à la municipalité. — Mieux vaut la proposition devenue loi. On a renoncé aisément à la caisse de compensation, qu'on eût voulu organiser entre fabriques riches et fabriques pauvres.

Donnant un sens et une interprétation à cette réforme, on a pu écrire qu'elle « prépare la séparation de la paroisse et du municipe » (1). Nous dirons, nous, qu'elle tend non point à isoler et à détacher deux organismes, qui ne peuvent pas ne pas avoir des points de contact, mais plus simplement à les limiter dans leurs attributions, à affranchir la commune de toute charge, contraire ou, au moins, étrangère à sa destination purement civile et laïque.

Cependant, la comptabilité des fabriques restait telle quelle, c'est-à-dire défectueuse, sans règles, sans garantie, sans contrôle, permettant tous les abus et justifiant toutes les critiques. Point de distinction établie entre les fonctions d'ordonnateur et celles de comptable ; point de comptes d'exercice, c'est-à-dire de droits constatés, à côté des comptes de gestion, c'est-à-dire des faits accomplis ; point de faculté de dresser en cours d'exercice un budget rectificatif, point de spécialité rigoureuse des crédits empêchant les virements, point d'obligation pour le comptable de ne conserver aucune somme improductive, de ne payer que sur des mémoires détaillés, signés et accompagnés de pièces justificatives ; mais, en revanche, grandes incertitudes sur l'apurement des comptes et fréquence

(1) Voir Marquès di Braga et Tissier, *op. cit.*

inquiétante des comptables de fait, telle a été, durant de longues années, la situation.

Comprend-on maintenant pourquoi tant de protestations se sont élevées, pourquoi des propositions ont été déposées et une commission constituée pour y remédier législativement? Perçoit-on les causes de l'insertion, dans la loi de Finances du 26 janvier 1892, de l'article 78, qui, à la différence de la réforme de 1884, est applicable aussi à la Ville de Paris. « A partir du 1ᵉʳ janvier 1893, « les comptes et budgets des fabriques seront sou- « mis à toutes les règles de la comptabilité des « autres établissements publics. Un règlement « d'administration publique déterminera les con- « ditions d'application de cette mesure »?

Il faut en définir la portée pratique. Les fabriques, revenues de leur alarme, sentiront l'intérêt qui est attaché à des principes et à des habitudes d'ordre. Les communes, qui subventionnent souvent ces établissements publics de par la loi ou de par leur propre volonté, ont le droit et le devoir de s'enquérir de leur situation précise : elles en auront désormais la possibilité. Les particuliers enfin, créanciers éventuels des fabriques, admis à obtenir paiement d'une dette liquide et exigible, ne doivent pas se heurter au prétexte invoqué qu'elles n'ont plus de ressources disponibles. Si on les désarme, il faut du moins leur offrir le moyen de le contrôler.

Si maintenant nous faisons voir que le principe posé et les règles établies par le règlement du 27 mars 1893 répondent à ces besoins certains sans atteinte à des intérêts légitimes ni aux libertés acquises, nous aurons détruit les vagues critiques (1), les confuses protestations et les indistinctes récriminations, qui sont nées autour de cette mesure administrative.

Elle n'est que l'application du droit commun, et non point la destruction ni même l'altération du décret de 1809, qui demeure le « Code des Fabriques » sauf en matière de comptabilité.

Il y a toujours à distinguer, encore que d'un point de vue différent, le *budget extraordinaire* d'une part, et le *budget ordinaire*, d'autre part, le premier ne portant que sur des capitaux, et, par voie de conséquence, le deuxième sur des revenus. C'est là un criterium nouveau, différent de celui qui, en vertu de la circulaire du Ministre des Cultes du 21 novembre 1879, était admis antérieurement, différent aussi de celui qui s'applique aux finances communales. Ce n'est pas une pure question de terminologie.

(1) Voyez par exemple l'*Autorité* du 2 mai 1896 qui revendique pour les fabriques l'indépendance.

Voici les recettes ordinaires : le produit des biens et rentes, de la location et de la concession des bancs et chaises, des quêtes faites pour les frais du culte, des troncs placés pour le même objet, des oblations volontaires faites à la fabrique, des droits perçus à l'occasion des cérémonies du culte, des frais d'inhumation, sur lesquels nous donnerons des explications (1), de la cire revenant à la fabrique ; les intérêts des fonds placés au Trésor ; le supplément obligatoire fourni dans deux cas (2) par la commune ; les diverses subventions facultatives...

Les recettes extraordinaires sont des capitaux provenant de dons et legs avec ou sans charges (3), de fondations de messes, d'aliénations de biens, de remboursements de coupes extraordinaires de bois et d'emprunts.

D'après le criterium plus haut indiqué, les dépenses sont tenues pour ordinaires, si elles sont effectuées au moyen de revenus, et, pour extraordinaires, s'il y est pourvu avec des capitaux. Seront dépenses ordinaires : le supplément de traitement du curé ou desservant ; le traitement des vicaires ;

(1) Voir la 6e partie.
(2) Voir la 3e et la 4e partie.
(3) Voir la 2e partie de cet ouvrage.

les gages des officiers et serviteurs de l'église ; le traitement du comptable ; les honoraires des prédicateurs, le logement des curés et desservants, ainsi que les grosses réparations des édifices consacrés au culte, qui peuvent tomber subsidiairement à la charge de la commune ; les réparations locatives à ces mêmes édifices ; l'entretien des cimetières, après controverse exposée plus loin (1) ; le mobilier, ornements, ustensiles d'église, les objets de consommation nécessaires à l'exercice du culte, les frais d'administration, les charges des biens, des fondations, des dettes exigibles...

Les dépenses extraordinaires, dont il est plus exact de dire qu'elles sont des dépenses sur ressources extraordinaires sont : ou des placements de capitaux (2) ou des achats ou travaux effectués au moyen de capitaux.

Telle est, en son ensemble, la structure du budget fabricien. Quel en est le mécanisme ? Il constitue un acte juridique, dont l'exécution a lieu dans une période, qui se clôt au 15 mars de l'année suivante et qui s'appelle *exercice*. Acte, qui d'ailleurs se dédouble en *budget primitif*, préparé par le bureau des marguilliers au cours du 1er trimestre

(1) Voir 5e partie.
(2) Voir plus haut, page. 18.

de l'année qui précède son exécution, voté par le conseil de fabrique le dimanche de Quasimodo, transmis au Conseil Municipal, puis à l'évêque, qui peut le modifier avant de l'approuver, de même que, sur recours d'un créancier, le Ministre des Cultes peut y inscrire d'office une dépense obligatoire, consistant dans une dette exigible, et en *budget supplémentaire*, qui, voté un an après, en cours d'exercice, permet de reporter les résultats de l'exercice, qui vient d'être clos.

L'exécution du budget se caractérise par une division du travail, rigoureuse, logique et salutaire.

D'un côté, le service administratif, confié au président du bureau des marguilliers, assure la mise en recouvrement des droits et produits, la liquidation et l'ordonnancement des dépenses. A ce propos, MM. Marquès di Braga et Tissier conseillent à l'ordonnateur d'inscrire le relevé de ces opérations dans un *journal* et dans un *grand livre* et appellent de leurs vœux la circulaire ministérielle, qui réglera cette question des écritures. Dès aujourd'hui, l'autorité qui ordonnance est tenue de rendre au nom du bureau des marguilliers un compte d'exercice, c'est-à-dire de droits constatés, c'est-à-dire encore un compte moral, par opposition au compte de gestion, purement matériel. Le conseil de fabrique statue. Quelle est la sanction de cette obligation? On estime après controverse mais avec raison selon nous, qu'un ordonnateur, coupable de faute grave, s'exposerait à une révocation, possible en vertu de l'ordonnance du 12 janvier 1825 (art. 5).

D'un autre côté, le service comptable est confié : au trésorier de la fabrique ; à son défaut, à un receveur spécial, qu'elle désigne ; à son défaut enfin, au percepteur commis d'office, moyennant une remise. Il est soumis aux vérifications de l'Inspection Générale des Finances parallèlement à celles du bureau des marguilliers et de l'évêque. De plus et surtout, il relève, depuis le décret de 1893, de la juridiction soit des Conseils de Préfecture, si le revenu annuel est inférieur à 30.000 francs, soit de la Cour des Comptes, s'il est supérieur, suivant une distinction de droit commun. Au comptable la charge de percevoir les revenus, de réaliser les recouvrements, de déposer au Trésor public les deniers disponibles, d'acquitter, en vertu de l'art. 2 du décret de 1893, les dépenses mandatées par l'ordonnateur jusqu'à concurrence des crédits régulièrement ouverts, de tenir des écritures sous la triple forme d'un registre à souche, d'un journal général de recettes et dépenses, de bordereaux trimestriels, de soumettre son compte de gestion au conseil de fabrique, au conseil municipal, à la juridiction, chargée de l'apurer, d'exposer éventuellement ses biens aux voies d'exécution, que comporte l'hypothèque légale dont ils sont grevés.

Ainsi sont acquis plusieurs avantages certains et plusieurs progrès décisifs en cette matière. Le contrôle s'y exerce désormais suivant le droit commun, et la distinction est nettement, explicitement établie entre le *compte d'exercice* et le *compte de gestion*, différents par leurs auteurs, par les autorités, qui les examinent, par les inscriptions qu'ils comportent. Ils sont vérifiés séparément, ce qui est simple, et vérifiés l'un par l'autre, ce qui demande des explications. On obtient ce résultat en faisant dépasser à chacun ses limites : Ainsi, le compte de gestion indiquera la date de la création des droits et, réciproquement, le compte d'administration rappellera les recouvrements et paiements corrélatifs aux droits nés. Dès lors, ces mentions en quelque sorte supplémentaires rendent la comparaison possible, avec d'autant moins de difficultés que la durée de l'exercice ne se prolonge que deux mois et demi au-delà de la première année, à savoir jusqu'au 15 mars de l'année suivante, date de clôture.

Seules entre les établissements publics, les fabriques étaient, jusqu'à la réforme de 1892-1893, soustraites à cet ensemble de règles tutélaires. Cette étrange anomalie a cessé.

DEUXIÈME PARTIE

LIBÉRALITÉS FAITES AUX FABRIQUES

CHAPITRE PREMIER

Personnes morales, les fabriques peuvent être instituées bénéficiaires de dons et de legs, en vertu et dans les limites des articles 537 et 910 du Code civil. D'après les textes et d'après la raison, elles n'ont de capacité, d'aptitude à recevoir dons et legs que dans la mesure de leur " spécialité ", de leur destination propre, qui est l'entretien du culte. Il apparaît qu'en dehors de ce cadre, elles ne peuvent rien. Tel est le sort commun des personnes morales et, plus rigoureusement, des établissements publics. Principe, que M. Laurent justifie longuement, que Béquet met en lumière, que Ch. Beudant formule, à son ordinaire, dans une langue admirable de précision et de force et que M. Ducrocq a dégagé définitivement (1).

Ce n'est qu'un principe : restent les conséquences à déduire, les applications à faire, les solutions à établir. La " Spécialité ", soit. Quelle est donc sa marque, sa caractéristique? Quel est son domaine? Quelle est sa sphère? L'article premier, cité plus haut, du Décret de 1809 charge les fabriques de "l'entretien du culte". Dans ces limites, elles pourront acquérir à titre gratuit, c'est-à-dire être autorisées à recevoir, conformément à l'art. 937 du Code civil. Ce texte, ainsi que l'art. 910, donne au Gouvernement, relativement à l'acceptation des libéralités, des pouvoirs qui se justifient par un triple intérêt à sauvegarder : celui des familles, dont il importe de prévenir la spoliation, celui de la société, et même, en dépit des apparences, celui de l'établissement public.

Il en use dans le sens indiqué et en s'inspirant du principe de la " spécialité " avec pleine raison, selon nous. On ne saurait prétendre, en effet, que l'art. 902 confère aux fabriques une capacité générale puisqu'il ne s'applique qu'aux personnes physiques, ni tirer argument des termes de l'article premier de la loi du 2 janvier 1817.

(1) Voyez : La personnalité civile du Saint-Siège, passim.

Une fabrique peut recevoir à condition d'avoir une origine régulière. Ne sont dans ce cas : ni la fabrique, qui n'a qu'une existence de fait, ni les sociétés civiles constituées en vue de la construction d'une église, ni les fabriques veillant à l'entretien d'une chapelle sans titre, ni, aujourd'hui, les églises supprimées par suite de l'organisation ecclésiastique actuelle, encore que, dans ce dernier cas, un legs ait été longtemps déclaré valable, à condition qu'il fût accepté par la fabrique de la succursale et que le produit en fût affecté à l'intérêt spécial de l'église légataire.

L'étendue du principe de la spécialité donne lieu à des incertitudes, donc à des controverses. Ainsi, doit-on autoriser une fabrique à recevoir une libéralité faite essentiellement pour l'entretien d'un calvaire? La section de l'Intérieur du Conseil d'État (28 décembre 1889) a admis la négative, en insistant sur cette circonstance que le calvaire ne se rattachait à aucune tradition historique ou religieuse. Il n'est pas démontré que dans le cas contraire la solution serait différente. Ainsi encore, une fabrique peut-elle recevoir des libéralités pour fournir des vêtements aux enfants pauvres de la première communion? Plus frappé sous doute de leur caractère religieux que de leur caractère charitable, un décret du 2 avril 1886 les a admises.

Quid enfin des libéralités faites soit en vue du catéchisme de la première communion, soit en vue du catéchisme de persévérance? Un avis du Conseil d'État (section de l'Intérieur : 13 mai 1890) admet les premières en reconnaissant la vocation légale de la fabrique à cet égard, non les autres, cette raison n'existant plus, tandis qu'une autre opinion répudie cette distinction subtile (1).

D'après ce principe, une fabrique peut recevoir des libéralités faites pour l'achat d'ornements d'église et de vases sacrés, pour l'entretien de la lampe du sanctuaire ou des autels, pour l'achat d'une chasuble, pour l'entretien des maîtrises, c'est-à-dire des écoles dans lesquelles la musique vocale est enseignée aux enfants de chœur.

A l'inverse, il n'y a pas lieu à d'autoriser l'acceptation des libéralités suivantes : celle faite à une fabrique à charge de pourvoir au traitemeut d'une institutrice congréganiste, car, depuis la loi du 30 octobre 1886, elle est illégale ; celle qui a pour objet des terrains, destinés à l'usage des cimetières, car les cimetières sont la propriété de la commune et sont soumis exclusivement à l'autorité municipale; celle qui a pour but de favoriser les

____

(1) Voyez au Répertoire Béquet l'article de M. Tissier sur les "*Dons et Legs*", n° 241.

vocations ecclésiastiques ou de fonder des bourses dans les séminaires, car le recrutement du clergé ne rentre, à aucun degré, dans la mission légale des fabriques.

En est-il de même d'une libéralité, faite à la fabrique pour l'entretien des tombes? Si l'on considère que ceci rentre dans ses aptitudes, sinon dans ses attributions, on l'autorisera. Tel a été le système longtemps admis, mais un avis du Conseil d'État du 15 mars 1890 apporte des distinctions, refusant d'approuver une telle donation entre-vifs pour cette raison que le fondateur vivant devait choisir un autre intermédiaire, n'admettant les legs eux-mêmes, que dans le cas où leur montant dépasse la charge d'entretien et uniquement en raison des avantages qu'ils procurent. Dans cette dernière hypothèse, on peut dire que le but principal du don ou legs est de pourvoir aux intérêts généraux, dont les fabriques ont la garde et l'administration.

Il arrive que les bénéficiaires des libéralités sont souvent mal déterminés. La jurisprudence supplée à ces erreurs.

Ainsi d'un legs fait à une paroisse : Il peut et doit être recueilli par la fabrique, quand rien n'indique que le de cujus aît eu en vue une autre institution et dès lors qu'il n'a pas pour but des institu-

tions communales (1). — Faut-il adopter la même
solution pour le legs fait au curé pour les besoins
de la paroisse, du moment que le curé, simple intermédiaire, est sans qualité pour en demander la
délivrance? L'affirmative est admise par un décret
en Conseil d'État (31 décembre 1892) et par M. le
substitut Cabat, au cours d'un procés, où au contraire le Tribunal a déclaré le legs nul, « les curés
« n'étant pas autorisés et les fabriques n'étant pas
instituées » (2).— Si un legs est fait aux "trépassés",
il doit être accepté par la fabrique de la paroisse,
dans laquelle résidait le testateur pour être con-
sacré à des services religieux. — De même, le legs
d'une broche en diamants, fait à la Sainte Vierge
d'une église. — Plus discutable est la question
d'un legs fait à des confréries ou, à charge d'en
faire profiter des confréries, à une fabrique. Celle-
ci, admise à le recevoir en vertu d'une circulaire
du 2 avril 1862, ne l'est plus aujourd'hui en l'état
de la jurisprudence (3).

Il est des cas, où, pour se conformer à l'esprit
de la loi et à la volonté présumée du disposant,

(1) Dans ce sens, Nantes : 24 avril 1890.

(2) Tribunal de la Seine : 3 juin 1893 dans *Revue d'Administration.*

(3) De ce sens : Seligmau, *de la Création et de l'Extension
des Personnes morales.*

un bénéficiaire doit être joint ou même substitué à celui qui est indiqué. Expliquons-nous. — Soit une libéralité adressée à une fabrique en vue des grosses réparations d'une église, desquelles, comme on sait et comme nous verrons ultérieurement, la commune est tenue, mais subsidiairement. La double obligation éventuelle de ces deux personnes morales nécessite l'acceptation de la libéralité par la fabrique, et du bénéfice de cette libéralité par la commune, (1) — Soit à l'inverse un don ou un legs, destiné à la construction d'une chapelle dans une église. L'opération est essentiellement communale. Il faudra donc la double acceptation, de la commune d'abord et ensuite de la fabrique quant au bénéfice recueilli. — Même solution au cas d'un legs fait à une fabrique soit à la charge de célébrer gratuitement les services funéraires des pauvres, soit en vue de l'agrandissement du cimetière.

Dans ces hypothèses, l'établissement qui est appelé au bénéfice de la libéralité, qui en doit signer l'acceptation, a le droit de surveiller l'exécution de la charge insérée. Sinon, son avantage serait illusoire ou négatif.

L'établissement, qui doit être bénéficiaire, peut

(1) Conseil d'État, 19 mars 1887.

se substituer à celui qui est institué, avons-nous dit avec la jurisprudence. Nous citerons le cas d'une libéralité adressée à la fabrique pour l'acquisition de cloches, horloges ou lustres. Le Conseil d'Etat (1) charge de l'acceptation le maire en disant que dans le clocher de l'Eglise, propriété communale, ne doit pas être une cloche, propriété de la fabrique. Cette substitution n'est-elle pas abusive, injustifiée?

Il faut appliquer à la matière la théorie des conditions illicites, indiquée par l'art. 900 du Code civil, étendue et, à notre sens, altérée par la plus prétorienne des jurisprudences. Sera donc illicite et réputée non écrite la clause d'un acte contenant donation d'une maison à une fabrique d'église pour servir de presbytère sous la condition que la fabrique et la commune, intervenant à l'acte, choisiront et maintiendront à perpétuité un instituteur congréganiste pour la direction d'une école communale. Elle anéantirait même la donation, dès qu'elle apparaîtrait comme en étant la cause déterminante.

L'autorité doit se conformer également aux volontés du disposant et aux prescriptions légales. Les unes doivent fléchir devant les autres, quand

(1) Notes de la section de l'Intérieur du 21 Février et du 27 Juillet 1888.

elles sont inconciliables. Que si l'accord peut être rendu possible entre elles par une modification, par une précision insérée dans l'acte approbatif, il faut le réaliser. En s'inspirant de l'art. 1157 du Code civil, on peut dire qu'il faut « plutôt entendre ces dis- « positions dans le sens, avec lequel elles peuvent « avoir quelque effet que dans le sens avec lequel « elles n'en pourraient avoir aucun. » Ainsi, la fabrique n'est pas chargée de bâtir les édifices religieux : dès lors, on ne peut autoriser la donation d'un terrain, à elle adressée pour affecter les constructions, qui y seraient élevées, à une chapelle du catéchisme qu'en stipulant de la façon la plus précise dans le décret que cette autorisation n'est donnée qu'à la condition qu'aucun lieu du culte ne sera édifié sur ce terrain (1). Ainsi encore nous avons noté que seules sont permises aux fabriques les acquisitions immobilières justifiées par des motifs d'utilité publique : donc il ne faut pas admettre un don ou legs, qui leur serait fait en vue du logement d'un vicaire, car ce serait placer dans leur patrimoine une catégorie d'immeubles de main-morte dont l'existence n'est prévue par aucune loi. Mais la libéralité pourrait être autorisée, si la fabrique demandait à vendre l'immeuble et à en

____

(1) Consei d'Etat, 17 mai 1890.

affecter le produit en rentes sur l'Etat pour être employé à payer le logement des vicaires.

Quêtes. — En dehors des libéralités scolaires et charitables, qui font l'objet du chapitre suivant, il y a une variété, celle des dons manuels, qui rentre en principe dans le droit commun et de laquelle il faut détacher les *quêtes*, qui sont réglementées.

Il en est, qui sont faites dans les églises ou à domicile pour les frais du culte. Elles sont libres. Si elles prennent la forme de souscriptions, elles ne peuvent être recueillies qu'avec l'autorisation du gouvernement.

Il en est qui au contraire peuvent être faites pour les pauvres, au nom et au profit du bureau de bienfaisance (Décision ministérielle du 19 juillet 1865).

Parallèlement, sera-t-il loisible aux curés ou desservants de quêter eux-mêmes pour les pauvres de leur paroisse? La négative se fonde à la fois sur le caractère légal du bureau de bienfaisance, ayant la couleur d'un monopole, et sur la « spécialité » des fabriques. (1) L'affirmative est à la fois plus large, car elle a surtout en vue l'intérêt des pau-

(1) **Dans** ce sens, *Revue d'Administration*, 1888, III, pages 40, 172 et 308.

vres, et plus juridique, car, en droit, aucune disposition législative ne crée un privilège exclusif
pour les bureaux de bienfaisance, ni ne leur donne
qualité pour revendiquer les sommes recueillies
par les tiers dans l'intérêt des pauvres. (1)

CHAPITRE II

Celui qui veut gratifier d'une libéralité soit l'enseignement soit les pauvres l'adresse à leur représentant, qui dans le premier cas est la commune,
et plus spécialement la caisse des écoles, qui,
dans le second cas, est encore la commune sous la
forme du bureau de bienfaisance.

Si, à cette même fin, il instituait la fabrique,
celle-ci, étroitement limitée par la « spécialité »,
privée, par suite, de vocation scolaire, notamment
en vertu de l'art. 2 de la loi du 30 octobre 1886, et
de vocation charitable, ne serait pas en état d'accepter.

(1) Dans ce sens, Hauriou et arrêts de la Cour de Caen (12
janvier 1881) ; de la Cour de Cassation (21 mars 1883) dans
S. 1884. 1. 150, accompagnés d'une note, naturellement remar-
quable, de M. Labbé.

Il serait moins utile de justifier abstraitement ce principe que d'en montrer l'origine et l'évolution historique.

Libéralités charitables. — Un texte nous arrête. Les interdire aux fabriques, n'est-ce pas se heurter au décret de 1809, article 1er : « Les fabriques sont chargées..... de l'administration des *aumônes* » ? Il est bien vrai que ces mots constitueront le principal argument des auteurs qui accordent aux fabriques le droit de recevoir pour les pauvres. Il est aisé de répliquer qu' « aumône » signifie ici ce que l'on donne pour les frais du culte ou l'entretien des églises.

On aperçoit qu'il y a matière à controverse. Avant même le décret de 1809, qui n'était pas de nature à la faire cesser, la discussion s'était produite entre Portalis, favorable aux fabriques et Chaptal, Champigny, qui revendiquaient, au contraire, le privilège des établissements publics de bienfaisance. Il y aura longtemps ainsi un conflit latent entre les deux administrations : celle de l'Intérieur et celle des Cultes.

La question a été tranchée contre les fabriques par le Conseil d'Etat : avis du 15 janvier 1819 ; rejet motivé à la date du 20 décembre 1820, d'un projet d'ordonnance; avis du 15 février 1837. Tous les legs, faits en faveur des pauvres, même s'ils sont adressés aux fabriques, doivent être acceptés par le bureau de bienfaisance.

A l'occasion d'une libéralité scolaire, l'Administration et, par son avis du 4 mars 1841, le Conseil d'Etat adoptent, généralisent une pratique nouvelle: *l'acceptation conjointe* de l'établissement institué indiqué dans le testament, qui est la *fabrique*, et de celui dans les attributions duquel rentre régulièrement la fondation, qui est la *Commune*. Un avis du 30 décembre 1846 applique ce système aux libéralités faites en faveur des pauvres. Les interprètes, par la suite, établissent bien que la fabrique demeure le seul bénéficiaire et que la commune n'a qu'un droit de contrôle sur l'exécution de la charge. Ce système d'acceptation ne s'applique d'ailleurs qu'aux legs, car, lorsqu'il s'agissait d'une donation entre-vifs en quelque sorte mal adressée, le Conseil d'Etat refusait purement et simplement l'autorisation.

Loin d'être logique, cette évolution de jurisprudence était contradictoire dans ses termes. L'avis de 1846 donne à l'établissement institué le rôle principal dans l'acceptation et l'exécution, ne laissant à l'établissement bénéficiaire qu'une vague et illusoire surveillance, alors que l'avis de 1841 avait établi le contraire. Où était la vérité? Où la solution de cette incertitude?

4

L'avis du 14 janvier 1863, portant sur les libéralités charitables, étend le système en l'appliquant aussi aux donations entre-vifs et rétablit l'équilibre entre les deux personnes morales en imposant l'*immatriculation conjointe*, c'est-à-dire l'inscription du titre de propriété faite simultanément sous leurs deux noms.

Ce système ne s'appliqua pas sans récriminations ni surtout, à partir de 1871, sans hésitation. Reprenant l'étude du problème, le Conseil d'Etat émet, à la date du 6 mars 1873, un avis de principe, qui marquera une nouvelle phase : désormais les fabriques auront le droit de recevoir les libéralités destinées aux pauvres. Comment expliquer historiquement cette dérogation certaine au principe de la « spécialité » ? Il faut dire que l'opinion et les pouvoirs publics sont à ce moment, sous l'influence d'une réaction cléricale. Comment, en droit, justifier cette faveur accordée aux établissements ecclésiastiques? L'avis du Conseil d'Etat fait valoir que, si aucun texte n'attribue le monopole aux bureaux de bienfaisance, le décret de 1809 confie, en revanche, l'administration des aumônes aux fabriques. Faible raison ! Quelle est la portée de cette innovation ? La fabrique acceptera seule, avec cette particularité, qui est non point une exception mais, au contraire, l'application d'une règle plus haut mentionnée : s'il s'agit d'une fondation destinée à demeurer perpétuelle et dont les revenus seuls devront être distribués, il convient d'autoriser le maire à accepter simplement le *bénéfice*, qui résulte du legs en faveur des pauvres de la commune.

Ces solutions étaient trop contestables pour être définitives. Un avis du Conseil d'Etat, (13 juillet 1881), faisant retour aux idées de la première période et abandonnant celles de 1841 et 1846, de 1863, de 1873, rétablissant entièrement le principe de la « spécialité » et s'inspirant, il faut bien le dire, des tendances laïques de l'opinion, déclare les fabriques incapables de recevoir les dons et legs faits à charge de secourir les pauvres. Ce n'est jusqu'ici qu'une opinion négative. Qui donc le recevra? Seront-ils caducs?

Une première opinion, pénétrée de cette règle qu'il faut plutôt interprèter les dispositions dans le sens, qui leur fait produire effet, attribue au représentant légal des pauvres (1) le droit d'ac-

(1) Quel est le représentant des pauvres? C'est le maire à titre de président du Bureau de Bienfaisance, s'il en existe un, ou sans ce titre, s'il n'en existe pas. — Depuis la loi du 15 juillet 1893, qui a institué les Bureaux d'Assistance Médicale, on peut y voir des Bureaux de Bienfaisance au moins virtuels et prétendre que le maire poursuit l'instance en leur nom (dans ce sens, Corneille: Des Secours à domicile. 1895). — Le Conseil d'Etat, qui veut garder un pouvoir dans la créa-

cepter le legs et de se faire envoyer en possession aux lieu et place de la fabrique : Dans ce sens, Conseil d'Etat : projet de décret adopté le 25 janvier 1883, note du 13 juin 1883, avis du 6 novembre 1887.

Il faut joindre sinon opposer à cette première opinion cette remarque qui résulte des décisions d'une jurisprudence (1) assez fermement assise : La volonté du disposant doit être interprètée. S'il a voulu que la fabrique fût l'intermédiaire obligé de sa libéralité, elle sera caduque. Sinon, il faudra après avoir refusé l'autorisation à la fabrique, la conférer au représentant légal des pauvres. Distinction fondée, mais dont il est difficile de trouver et de préciser le criterium. Chaque espèce sera un nouveau problème à résoudre.

Une opinion, plus conciliante, plus libérale aux fabriques, leur restitue indirectement leurs droits

tion des Bureaux de Bienfaisance, est en sens contraire (Avis du 30 mai 1895.)

A Paris, le représentant, c'est l'Assistance publique.

Chaque jour il est fait application de ces règles. Ainsi l'Assistance publique a été autorisée à se substituer non à une fabrique il est vrai, mais à la corporation des Frères Saint-Jean de Dieu, pour l'acceptation d'un legs. (Voyez le journal : Le *Figaro*, du 30 avril 1896.)

(1) Pontoise : 24 juin 1886; Rouen : 19 mai 1890 ; Seine : 19 février 1890; Lavaur 3 décembre 1889, confirmé par la Cour de Toulouse, le 4 novembre 1890, dans S. 91, 2. 151.

en leur confiant le soin de présider à la distribution des deniers provenant des dons et legs acceptés par le représentant légal des pauvres (1). Elle est aussi ingénieuse qu'illégale. En la repoussant, il nous faut déclarer nulle la clause, par laquelle on spécifierait que le montant d'une libéralité faite au bureau de bienfaisance serait réparti par les membres du conseil de fabrique.

A admettre le droit exclusif du représentant légal des pauvres, ne faut-il pas admettre la conséquence normale, c'est-à-dire laïciser la charité publique comme on a fait de l'instruction publique et distribuer aux pauvres les secours charitables sans distinction de croyance ? Certains auteurs l'ont prétendu, à qui M. Labbé répond péremptoirement : Si l'instruction, qui est donnée dans les écoles publiques aux frais des contribuables, a été rendue laïque, l'instruction privée reste libre. Libre aussi doit demeurer la charité privée, dont s'agit, et, par conséquent, apte à recevoir une couleur religieuse, conforme aux vœux du disposant.

A l'heure présente, le système de la « spécialité » est bien fixé, encore qu'il comporte, ainsi

(1) Dans ce sens, Marie, et, en jurisprudence, Limoges : 28 janvier 1889; Paris : 23 janvier 1891 dans J. Palais, 91, 1, 1193 et la note.

que nous l'avons vu, des variantes dans l'application. Il ne sera pas ébranlé par des critiques aussi déplacées que la suivante : « A notre époque la « mode est aux spécialités. Qui oserait dire que nous « y avons gagné en chefs-d'œuvre, en lumières « et en bienfaits ? Ne semble-t-il pas malheureusement au contraire, que les spécialistes aient « tout rétréci, l'intelligence, les idées et les bour-« ses ? » (1)

Libéralités Scolaires. — Peuvent-elles être utilement adressées aux fabriques ? Même solution que dans le précédent problème et évolution parallèle de la jurisprudence.

Originairement, elles étaient admises, ainsi qu'en témoigne un avis du Conseil Royal de l'Instruction Publique du 10 février 1839. Le revirement ne se fait pas longtemps attendre, puisque le 12 avril de la même année, le Conseil d'Etat opine en sens contraire, au sujet de la même affaire, en refusant purement et simplement d'autoriser un legs fait en vue de l'enseignement et au profit des fabriques.

L'idée de la « spécialité » reparaît donc, mais elle ne prédominera pas.

(1) Marie, *Régime légal des paroisses catholiques*, p. 473, en note.

Dans une lettre du 8 mars 1837, M. Guizot avait préconisé le système de l'acceptation conjointe, qui, nous l'avons dit, fut admis le 4 mars 1841. Pratique insoutenable en doctrine, qui était peut-être politique, mais qui ne présentait même pas l'avantage de la commodité. Elle ne s'appliquait d'ailleurs qu'aux legs, l'Administration prenant soin, en matière de donation, d'avertir le disposant de l'erreur commise par lui dans le choix de l'intermédiaire. — Un avis du 10 juin 1863 indique la nécessité de l'immatriculation conjointe, telle que nous l'avons plus haut signalée, encore qu'elle soit ici moins défendable, le service de l'enseignement n'étant pas une personne civile qui puisse revendiquer par l'entremise de la commune.

Le système, loin d'être consolidé, est combattu par l'Eglise, répudié par les héritiers, qui réussissent à faire prononcer la caducité de legs, dont on avait voulu régler si arbitrairement la destination (1).

Innovateur et bienveillant aux fabriques, le Conseil d'Etat (avis du 24 juillet 1873) les autorise à recevoir les libéralités scolaires en considérant

(1) Grenoble, 5 juillet 69, D. 72, 2. 226. — Angers, 23 mars 71, D. 73. 2. 227.

que l'enseignement est dans leurs aptitudes, sinon dans leurs attributions et en posant certaines conditions telles que la nécessité de l'acceptation du bénéfice par le maire.

Le 13 avril 1881 et, depuis lors, en diverses circonstances, cette même assemblée a décidé le contraire, avec pleine raison selon nous. Sinon, la « spécialité » ne serait qu'une décevante illusion. — Pour la combattre, pour l'écarter, on fait appel à des arguments d'ordre historique, comme si la tradition devait l'emporter sur des textes explicites, notamment sur la loi du 30 octobre 1886, qui exclut une école fabricienne, qui ne serait ni « privée » ni « publique ». — On fait valoir l'intérêt de l'instruction, alors qu'il n'est pas en cause. — On montre enfin (1) spécieusement, que les tribunaux, de qui relève la question, ont toujours admis la capacité des fabriques. Outre que cette allégation est inexacte, (2) ce serait dire que, la question étant judiciaire, l'autorisation, qu'il appartient au Conseil d'Etat de donner, ne doit pas être mûrie et sérieuse.

Si nous avons justifié la solution, il faut en déterminer les limites : S'il s'agit d'enseignement

(1) Avis du Conseil d'Etat de 1873.

(2) Voir en effet les arrêts de Grenoble et d'Angers, cités plus haut, en sens contraire.

religieux, de catéchisme, les établissements ecclésiastiques retrouvent leur capacité. Ainsi la Cour de Cassation a admis la validité d'un legs de rentes à charge de faire donner dans des écoles l'instruction catholique (1). A l'inverse, un legs fait à une fabrique à charge de pourvoir au traitement d'une institutrice congréganiste doit être considéré comme contenant une clause illégale depuis la loi du 30 octobre 1886 et ne peut être accepté même par la commune (2).

De même, bien qu'une note du Conseil d'Etat, du 8 mars 1883, soit conçue en sens contraire, nous considérons comme devant être écarté un legs fait à une fabrique à charge de servir une rente annuelle à une congrégation ou communauté enseignante, qui pourvoîra gratuitement à la tenue d'une école. — De même enfin d'un legs, fait pour « l'instruction chrétienne » des enfants de la paroisse ou pour leur « instruction religieuse » sans autre précision, car sous ces expressions vagues pourrait se dissimuler l'enseignement primaire tout entier.

Qu'advient-il d'un legs, ainsi soustrait à la capacité, à la vocation légale des fabriques ? Une

(1) 31 janvier 1893, *Gazette du Palais* des 6 et 7 février 1893.

(2) Conseil d'Etat, 17 juillet 1888.

opinion (1) le déclare caduc, à la différence de ce que nous avons dit des legs charitables, qui, adressés aux pauvres, sont acceptés en leur nom par leur représentant légal au lieu de l'établissement, qui n'a pas mission de les représenter. Le Conseil d'Etat, au contraire, admet aussi, en matière de legs scolaire la substitution de la personne morale, qui doit être bénéficiaire, d'abord dans une espèce voisine (2), puis généralise cette solution (3), adhérant ainsi à la thèse si brillamment soutenue par M. Béquet (*Revue générale d'administration*) 1882, I, 136).

CHAPITRE III

Les articles 910 et 937 du Code civil établissent que l'acceptation des dons et legs faits aux personnes morales en général, aux fabriques en parti-

---

(1) Voyez Morgand, *Commentaire de la loi municipale.* — Tissier, *Dons et Legs.*

(2) Au sujet de secours aux enfants pauvres des écoles : Section de l'Intérieur : Avis du 4 juin 1885.

(3) Conseil d'Etat : Note du 24 avril 1888, autorisant les séminaires à se substituer à la fabrique.

culier doit être autorisée. Pourquoi ? Nous n'avons
pas à le redire. Sous quelle forme ? Par un décret
rendu en Conseil d'Etat, après avis de la section
des cultes, et, exceptionnellement, si la libéralité
excède 50.000 francs, après avis de l'assemblée
générale. A cette règle le décret du 15 février 1862
apporte une dérogation en n'exigeant que l'autorisation préfectorale, si la libéralité est mobilière,
n'excède pas 1000 francs et ne donne lieu à aucune
réclamation des héritiers. Que si d'ailleurs un
testament contient à la fois un legs fait à une commune et un legs fait à des établissements qui ne
peuvent être autorisés à accepter que par décret
ou encore si le même legs doit profiter à un tel
établissement et à la commune, cette connexité
enlève compétence au préfet. Il doit être statué par
décret sur l'ensemble des libéralités (1).

Divers textes, rappelés par diverses circulaires
ministérielles, règlementent l'instruction de ces
affaires. Le notaire devant lequel il a été passé un
acte contenant donation entre-vifs ou disposition
testamentaire au profit d'une fabrique, est tenu d'en
donner avis au curé ou desservant, à la fabrique, et, au
cas de legs, au préfet, par les soins et après l'avis du

(1) Conseil d'État : 15 décembre 1865 et Circulaire ministérielle, 15 mai 1884.

trésorier. Le conseil de fabrique statue sur l'acceptation ; après lui, l'évêque ; après lui, en vertu de la loi de 1884, art. 70, 5°, le *conseil municipal* donne son avis ; enfin le préfet ou le gouvernement accorde ou refuse son autorisation. Au cas de legs, une précaution nécessaire oblige à appeler les héritiers connus du testateur à prendre connaissance du testament, donner leur consentement à son exécution ou produire leurs moyens d'opposition. Un extrait en est affiché et publié, s'il n'y a pas d'héritier connu.

Quelle décision peut et doit être prise ? L'autorité ne saurait en tout cas se trouver en présence d'une *acceptation provisoire*, car cette faveur est limitativement accordée, par des textes spéciaux, aux hospices et hôpitaux, aux sociétés de secours mutuels déclarées établissements d'utilité publique, aux départements, aux communes. Avant d'avoir obtenu l'autorisation, la fabrique ne peut que prendre des mesures conservatoires : interruption de prescription, inscription hypothécaire.

L'*autorisation* sera donnée, quand la libéralité constitue un avantage certain, à l'abri d'inconvénients sérieux. Elle règlera, si le disposant n'y a veillé, l'emploi des sommes et le sort des objets mobiliers. Elle impose enfin l'acceptation sous bénéfice d'inventaire. Il ne faut pas dire qu'elle crée la capacité de la fabrique. Elle en permet simplement l'exercice, d'où il suit qu'elle est rétroactive.

Le *rejet* de la demande aura lieu, peut-on dire d'une façon générale : quand la situation de fortune du disposant et de ses héritiers ne comporte pas cette libéralité, quand le don en legs excède la mission légale de la fabrique, ou, encore, quand celle-ci a une dotation jugée suffisante.

Qui peut le plus peut le moins. D'où la faculté d'autoriser pour partie et de rejeter pour partie l'acceptation d'un legs. Telle est la *Réduction*. Si elle n'est pas admise au cas de donation entre-vifs, c'est qu'il y a là un contrat, qui nécessite l'accord absolu des parties et qui peut être d'ailleurs aisément refait par le donateur dans un sens conforme au vœu de l'autorité.

Le Gouvernement et, exceptionnellement, le préfet exercent moins un veto qu'une véritable tutelle, comportant certaines initiatives. Ils ont le droit *d'acceptation d'office* des libéralités faites à charge de services religieux aux fabriques, car, en les refusant, celles-ci manquent à leur mission. Elles ne peuvent donc, dès que la somme donnée ou léguée n'excède pas les charges, refuser la célébration desdits services, à moins de circonstances particulières, telle que l'insuffisance du nombre des prêtres, attachés à la paroisse. Le décret de 1809 prévoit d'ailleurs le cas où la libéralité serait trop faible pour l'acquit des charges et permet à l'évêque de les réduire d'après le tarif diocésain. — Même droit absolu de *refuser d'office*. M. Ducrocq le reconnaît à l'autorité et le fonde sur cette argumentation un peu bien spéculative : « Des trois intérêts — Etat, famille, fabrique — qui imotivent l'application de l'art. 910, celui de l'établissement gratifié est le moindre et cependant a fait admettre l'acceptation d'office. Comment le premier, le plus important, ne ferait-il pas admettre le refus d'office précédé d'une mise en demeure d'avoir à s'expliquer dans un délai déterminé ? »

Quelle est la sanction du défaut d'autorisation ? C'est la nullité absolue, d'ordre public, de la libéralité irrégulièrement acceptée. Il doit en être ainsi, car une nullité simplement relative serait illusoire et encouragerait presque les violations de la loi.

Il importe, d'ailleurs, de marquer la force et les limites des décisions qui permettent de recevoir les dons et legs. Ce sont — et telle est leur force — des actes du pouvoir discrétionnaire, donc à l'abri de contestation devant le Contentieux du Conseil d'État, et ne demeurant attaquables devant cette juridiction

que pour incompétence, excès de pouvoir ou vices
de forme (1). D'un autre côté ce sont, — et telles
sont leurs limites — des actes simplement administratifs, laissant la libéralité telle qu'elle était
avant, régulière ou entachée de nullité. Il s'ensuit
que, si des tiers en contestent la validité, il y a
matière à une action devant les tribunaux de droit
commun (2) de même que si la contestation touche
à l'exécution de la libéralité (3).

La nécessité de l'autorisation semble générale,
absolue. Elle s'étend même aux *dons manuels*,
sauf quand ils sont modiques, encore qu'ici comme
ailleurs le criterium soit malaisé à déterminer. —
Quant aux *dons anonymes*, la jurisprudence ne les
admet pas : parce que le donateur n'est pas en état
de veiller à l'accomplissement des conditions,
puisqu'il ne figure pas dans un acte régulier comme
partie ; parce que, d'autre part, le Gouvernement
serait sans moyen d'exercer son contrôle.

Il y a une importante catégorie de dispositions

(1) Voyez Conseil d'Etat. Maulay, 17 avril 1874. — Tout-le-
Monde, 7 décembre 1877.

(2) Voyez Conseil d'Etat. Dongier, 4 août 1882.

(3) Voyez Conseil d'Etat. Vial-Baugé, 13 juillet 1870, où une
fabrique était demanderesse contre une commune. — Ber-
gerac, 9 août 1880, où une commune était demanderesse
contre une fabrique.

testamentaires, qui, tout en constituant un bénéfice pour les fabriques, ne sont pas des dons et legs, et sont, par suite, soustraites au besoin de l'autorisation : ce sont les *charges d'hérédité*. On juge l'intérêt qui s'attache à les définir exactement et à résoudre la controverse, qui s'élève entre les anteurs.

Le principe, c'est qu'un legs suppose une vocation héréditaire, qui n'existe pas au cas de charge d'hérédité. Ce n'est qu'un principe. Reste à fixer le criterium, la ligne de démarcation entre l'un et l'autre.

Une opinion (1) pense que la caractéristique de la charge d'hérédité, c'est l'absence de désignation du légataire, c'est la latitude laissée aux exécuteurs testamentaires, c'est la liberté laissée aux héritiers d'en choisir les bénéficiaires. Telle est la jurisprudence des tribunaux judiciaires, plus ou moins simpliste, plus ou moins rigoureuse, car elle considère, d'une part, que, même sans désignation du légataire, une disposition portant sur une universalité ou sur une quote-part est un legs et, d'autre part, qu'une clause chargeant les héritiers de faire dire annuellement un certain nombre de messes est une simple charge d'hérédité.

(1) Dans ce sens, voyez au Répertoire Béquet, les mots « Culte » « Dons et Legs ».

Le Conseil d'Etat nous paraît mieux inspiré en admettant qu'il y a charge d'hérédité, donc exempte d'autorisation, dès qu'il y a transmission d'une somme modique (1) et employée immédiatement (2). Solution libérale, qui affranchit sans danger les fabriques de la procédure de l'acceptation et qui soulève les critiques peu décisives d'une école. On dit qu'étendre ainsi la théorie des charges d'hérédité, c'est désarmer le gouvernement, c'est altérer la notion de la « spécialité » des établissements publics, c'est permettre au testateur de se dérober aux articles 910 et 937 en léguant les sommes à charge de distribution dans l'année du décès. Qu'importe, puisque le seul danger à éviter, celui de l'accumulation des biens et des deniers, est celui qui ne se présente pas ?

De même, dirons-nous, les fondations sont des legs, quand elles sont ou perpétuelles ou faites pour une longue durée. Sinon, il n'y faut voir que de simples charges d'hérédité.

Ne peut-on pas faire d'autres brèches, et plus profondes au principe de l'autorisation ? Un moyen aussi simple qu'efficace semble permis par les textes, reconnu par certains auteurs (3) et utilisé

(1) Avis de la section de l'Intérieur, du 19 décembre 1893.
(2) Note de la section de l'Intérieur du 3 mai 1892.
(3) Voyez l'ouvrage de M. Tissier : Dons et Legs.

par la pratique : le disposant n'aurait qu'à faire sa libéralité à la fabrique à l'aide d'un prête-nom. Qu'arrive-t-il au pire, c'est-à-dire si elle est attaquée ? Elle ne serait nulle, dit-on, que si elle était adresséeà un incapable (art. 911 du Code Civil). Or la fabrique a capacité, encore que l'exercice en soit restreint par l'article 910. Il faut donc maintenir la libéralité, la considérer simplement comme faite sous une condition illicite, celle de la non-intervention du Gouvernement, appliquer l'article 900, donc déclarer cette condition non écrite. Nous avons une opinion contraire. Nous tenons pour nulle une telle disposition et pour illégale cette façon de tourner la loi, car, en vérité, il serait trop facile d'y recourir (1).

(1) En notre sens, Ch. Beudant, et jurisprudence : arrêt du 3 mars 1880. S. 1881. 1. 423.

TROISIÈME PARTIE

ÉDIFICES DU CULTE

CHAPITRE PREMIER

La question de la propriété des églises, purement doctrinale aujourd'hui, puisqu'elle est invariablement tranchée en faveur des communes, présenterait un nouvel intérêt dans l'hypothèse, en apparence peu prochaine, d'une séparation des Eglises et de l'Etat.

Une opinion, d'ailleurs isolée (1), croit pouvoir établir la propriété de l'Etat lui-même, tandis que les défenseurs attitrés des revendications religieuses y voient des biens appartenant aux fabri-

(1) **A**ppert, article de la *Revue Critique*, année 1877, page 737.

ques. (1) Nous citerons, sans y insister, le système anti-juridique, admettant la co-propriété des communes et des fabriques, professé par Gaudry et adopté par un arrêt isolé de la Cour de cassation.

Quels sont les éléments du problème?

Et d'abord les textes législatifs. On invoque *l'article 12 du Concordat*, qui « remet à la disposition des évêques les édifices du culte ». Simple mesure de police, il est, à nos yeux, étranger au débat. De ce qu'il n'y a pas eu dessaisissement formel par l'Etat il ne faut pas induire que l'Etat est demeuré propriétaire, puisque jamais il n'a agi comme tel. Il faut néanmoins en retenir que, s'il n'y a pas eu dessaisissement, il n'a pu y avoir attribution au profit des fabriques. — Si l'on ajoute que l'Eglise recevant satisfaction en général de par le Concordat a dû recevoir en particulier les édifices du culte, nous jugeons cette supposition au moins injustifiée. — Enfin, quel bénéfice pouvaient recueillir en l'an X des fabriques, qui, comme on sait, n'existaient pas encore?

La question reste entière. Posée devant le Conseil d'Etat, elle est résolue en faveur des communes par le célèbre *avis du 2 Pluviôse an 13*, catégo-

(1) Voyez André: 2ᵉ volume, page 531, et Touzaud: Propriété des Églises.

rique en ses termes, mais d'autorité contestée. Il faut y attribuer la force législative, qui, en vertu du réglement du 3 Nivôse an 8 (art. 2), est inhérente aux avis interprétatifs, régulièrement promulgués et publiés. Pour la leur dénier, on allègue (1) l'inconstitutionnalité dudit réglement et, surtout, on se fonde sur cette circonstance que l'avis dont s'agit, n'a pas été publié. Il nous suffira de répondre que cette publication n'est pas prescrite à peine de nullité et que, d'ailleurs, l'avis du 25 Prairial an 13 admet la publication de décrets par simples envois faits ou ordonnés par les fonctionnaires publics chargés de " l'exécution ". C'est ce qui a eu lieu en l'espèce.

C'est une erreur, souvent commise, de prétendre fortifier le droit des communes par l'art. 1er du Décret du 11 Prairial an 3, « Les citoyens des communes de la République auront provisoirement le libre usage des édifices non aliénés, destinés originairement aux exercices d'un ou plusieurs cultes » et par l'arrêté du 2 Pluviôse an 8 (art. 1er) car, loin d'être attributifs de propriété, ils constituent de simples mesures de police. Leurs termes ne diffèrent pas de ceux du Concordat.

Ce n'est point davantage consolider le droit des fabriques que d'invoquer à l'exemple de M. Touzaud

(1) Voyez Borde : thèse pour le doctorat, pages 70 et suivantes.

le décret du 7 Thermidor an 11 (art. 1er) : « Les
« biens des fabriques sont rendus à leur destination » ou l'assimilation que permet le Décret du
30 mai 1806, conférant aux fabriques les églises
et presbytères supprimés par suite de la nouvelle
organisation ecclésiastique. C'est forcer le sens
des textes que de leur reconnaître un caractère
déclaratif, alors qu'il n'y a, dans le premier,
qu'une mesure de police, et, dans la deuxiéme,
qu'une attribution strictement limitée aux immeubles inemployés.

Ici se placent historiquement deux avis formels
dans leurs termes : celui du 3 Nivôse an 13, dont
le dispositif se confond avec celui de Pluviôse an
13, plus haut mentionné, attribue à la commune
les bâtiments destinés à un service public. M.
Touzaud raille cette formule, « cet accouplement
« des prisons avec les presbytères, et des églises
« avec les halles. » En vérité, ce n'est pas une argumentation. — Deuxième avis : « La nation, propriétaire des édifices religieux, peut en faire des « concessions aux communes ».

Dans une démonstration, où l'appui ne pouvait
venir des textes, on a fait appel à des arguments
d'induction, qui, à s'exprimer, se détruisent : la
propriété soit des communes soit des fabriques
peut se déterminer, affirme-t-on, d'après les charges

qui incombent soit aux unes soit aux autres. Nous verrons qu'elles se partagent, à titre inégal d'ailleurs, les obligations de réparation, d'entretien, de reconstruction…. Le droit de propriété est corrélatif, dit-on, à ces charges. Qu'est-ce qui autorise cette concordance et cette conclusion ? Comment justifier ce passage du connu à l'inconnu ? Que penser d'un système, qui, si manifestement, pèche par la base ?

Par cet exposé le lecteur aura peut-être aperçu le défaut de ces hypothèses et de ces méthodes dialectiques : la doctrine cherche, avec l'obstination propre aux idées fausses, la solution de la question de propriété partout où elle n'est pas. Qu'on s'en accommode ou non, c'est une de celles, que le législateur n'a pas tranchées, ni même prévues. Il nous reste seulement avec l'avis du 2 Pluviôse an 13, dont on conteste vainement l'autorité, les présomptions rationnelles et les décisions de jurisprudence. En raison, nous pouvons dire que, si rien n'attribue la propriété à la fabrique et si l'Etat semble l'avoir perdue, il faut la reconnaître à la commune, qui d'ailleurs représente bien la nation.

En cette matière, les erreurs abondent. Détruisons l'une d'elles, et non des moindres, que M. Borde fait sienne avec complaisance. « Le pouvoir « laïque (qu'il appelle tantôt l'Etat tantôt la com-

« mune) a le droit de conserver la propriété, puis-
« qu'il reconnaît et exécute ses obligations en con-
« tribuant aux charges. S'il s'y retranchait, s'il vio-
« lait le contrat impliqué dans la confiscation de
« 1789, il devrait la perdre » (1). Sans désirer que le
pouvoir laïque diminue ou supprime sa contribution, nous devons lui en reconnaître le droit. Que
nous parle-t-on de contrat comme si les actes de
1789, de 1809, de 1884 (loi du 5 avril) supposaient
ou sous-entendaient cette notion, comme si le Concordat qui, lui, dans un domaine distinct, est un
contrat, avait quelque rapport ou proche ou loin-
tain avec la question ?

Citons ce qu'on appelle un argument de raison,
par ironie sans doute. « Nous le demandons au nom
« du simple bon sens, est-il un système plus étran-
« ge, plus contre-nature, que celui qui accorde à la
« fabrique les églises supprimées et lui refuse celles
« affectées au culte ». (2) Le bon sens répond
que quant aux églises supprimées, assez rares, on
a pu les restituer aux fabriques normalement ; que,
quant aux autres, il y avait un double intérêt à les
laisser aux communes, en raison de leur caractère
de service public et aussi des charges que les communes peuvent avoir à supporter.

(1) Voir sa thèse, page 133.
(2) Voir La Rivierre, thèse pour le doctorat, page 77.

Nous n'avons eu en vue que les édifices du culte rendus à leur destination par le Concordat.

Il apparaît que ceux qui ont été édifiés par la suite appartiennent à la personne morale, qui en a fourni les frais. Il faut en distinguer avec soin les églises reconstruites, car celles-ci, ayant même caractère et même propriétaire que celles qui ont été démolies, sont présumées appartenir aux communes.

Nous avons maintes fois fait allusion au décret du 31 mai 1806, qui soustrait une catégorie de ces biens à la règle commune : ceux qui cessent, par suite de la réorganisation ecclésiastique, d'être consacrés au culte sont restitués aux fabriques moyennant un envoi en possession, accordé sur leur demande et après avis du Conseil Municipal, par arrêté du préfet, lequel est soumis à l'approbation du Ministre des Finances. En est-il de même de ceux qui, postérieurement, depuis cette époque, ont été désaffectés ? L'affirmative est soutenue par Gaudry, qui, doutant sans doute de l'excellence de ses arguments, les multiplie : 1° Le décret de 1806, d'après lui attribue aux fabriques les églises qui *seront* supprimées. Il ajoute et nous ajoutons « par suite de la réorganisation ecclésiastique ». Il n'est rien dit des modifications futures. 2° Aucun texte ne déclare les communes propriétaires à titre définitif et incommutable. Qu'importe, si aucun texte non plus ne les dépossède ? 3° En admettant que les communes sont propriétaires des églises, il faut dire qu'elles ne le sont que dans l'intérêt du culte. Donc, dès qu'il y a suppression, la propriété passe au culte c'est-à-dire aux fabriques. La première affirmation est aussi exacte que la conclusion erronée. Propriété, modifiée par l'affectation à un service religieux, sans doute, mais pleine propriété, voilà ce que nous trouvons au profit des communes. Et la circulaire du 23 juin 1858 confirme cette manière de voir (1).

S'il y a propriété selon le Code Civil, il y a, par suite, compétence des tribunaux ordinaires (2), même s'il s'agit des biens, dont le sort est réglé par le décret du 31 mai 1806, qu'il y aît contestation des fabriques soit avec l'Etat, soit avec les communes, soit avec les particuliers. Que s'il s'agit au contraire d'appliquer les lois et décrets, relatifs à la remise des églises et presbytères, l'autorité administrative a compétence. Vainement la Cour de cassation (3) alléguerait qu'elle-même a

---

(1) Voyez Gaudry: Traité de la Législation des Cultes, p. 733.

(2) Voyez dans ce sens, arrêts du 23 mars 1867, 15 décembre 1883, 1er mars 1889.

(3) Arrêt du 6 décembre 1836.

mission d'interpréter exclusivement les lois et décrets.

Tenons donc pour acquise la propriété de la commune : cette solution présente quelques intérêts pratiques, indiqués séparément, qu'il faut assembler. Elle justifie pour la municipalité le droit de donner son assentiment à tous les projets de grosses réparations, de remplacement des immeubles par destination. Au cas de reconstruction totale ou partielle de l'église, elle fait compter les subventions ministérielles ou départementales dans la part communale. Ce n'est pas sans utilité pour fixer quelle autorité dirigera les travaux (1).

Le Concordat, dans son article 12, sans altérer la propriété de la commune, y juxtapose la faculté également certaine des fabriques de jouir de la manière la plus étendue des églises. Comment ces droits s'accordent-ils? Quel est le principe de leur coexistence? Quelle est la formule juridique de leurs rapports? Notre réponse consistera à réfuter celle, qui est le plus ordinairement faite. « La commune « est propriétaire et la fabrique usufruitière ». Voilà ce qu'on affirme. Voilà où on se trompe. Sur quel texte, sur quelle partie des travaux préparatoires fonder cette assimilation? Elle tente peut-

(1) Voir plus loin, chapitre 3.

être l'esprit, mais sûrement elle l'égare. Des origines diverses, des avantages inégaux, des charges profondément différentes, tels sont les rapprochements possibles entre l'usufruit et le droit des fabriques. Où puiser les raisons de cette prétendue similitude? C'est une duperie aussi que d'abuser de la méthode déductive et de chercher quand même un principe, d'où l'on tirerait un ensemble de règles, relatives à la condition des églises. Ces règles, elles sont écrites, nous les préciserons dans les chapitres suivants, et c'est ce qui importe précisément. Indifférent aux mots, nous nous attacherons aux réalités. Il nous apparaîtra qu'à côté du droit de propriété des communes il y a place pour une jouissance sui generis, limitée aux actes d'administration et exercée par les fabriques (1).

Domanialité. — Les églises font partie du domaine public communal, c'est aujourd'hui incontesté. Il ne s'agit, naturellement, que de celles affectées au culte par le Concordat ou bien acquises ou bâties, à cette fin, par les communes — donc ni des églises ayant cessé d'être consacrées au culte, ni des oratoires, ni des chapelles particulières, ni

______

(1) Dans ce sens, jugement du Tribunal de Saint-Marcellin du 10 janvier 1892, *Pandectes Françaises*, 92, II, 349.

de celles des couvents situés sur le territoire communal.

Quel est le fondement de cette domanialité? En elle-même, elle ne fait pas doute en ce qui concerne les églises, alors que pour tous les autres bâtiments affectés à un service public elle est très contestée. Cette différence est un point d'histoire curieux (1), car la domanialité de celles-là et de ceux-ci se fonde sur le même caractère, à la fois nécessaire et suffisant d' « affectation à un service public. » Il n'est en effet pas besoin de textes pour l'établir, et d'ailleurs les art. 538 et 540 se prêtent à cette manière de voir, puisqu'ils font une énumération purement énonciative, donc point close, des biens du domaine.

Cette opinion, la plus largement juridique, la plus satisfaisante à l'esprit, est la moins admise.

M. Ducrocq a montré avec vigueur que l'origine et la raison d'être de la domanialité, il faut les chercher dans l'art. 12 du Concordat, dans la remise aux évêques. Cette mesure de police n'est point une base solide, à nos yeux. Peut-on, au surplus, y asseoir l'inaliénalibité et l'indisponibilité, et en vertu de quel raisonnement? On fonde cette indisponibilité sur l'affectation à un service public, en

(1) Voyez Hauriou, p. 408.

même temps qu'on refuse à cette affectation de tous autres bâtiments. hormis les églises, une portée, une influence quelconque sur le caractère domanial. Cette contradiction juge le système.

L'art, 538 du Code Civil, isolé à tort, selon nous, de l'art. 540, sert ici comme une arme à double tranchant. Une opinion y puise cette indication, à savoir qu'est domanial tout édifice affecté, avec « perpétuité » « et généralité » à un service public, — donc les églises. (1) M. Ducrocq le nie en vertu même de l'article invoqué, où, « se livrant à un curieux travail de dissection », (2) il discerne que les biens du domaine doivent être des terrains non bâtis, insusceptibles de propriété privée et consacrés à l'usage direct de tous. Ce n'est qu'une hypothèse et combien arbitraire ! Ainsi, d'autres auteurs (3), écartant la première condition, mais retenant la deuxième et la troisième, ont pu classer les églises dans le domaine, précisément parce que ce sont des choses soustraites à l'appropriation privée et employées à l'usage commun.

Plus originale et peut-être plus logique est la doctrine de M. Batbie (4) qui, trouvant ces raisons

(1) Voir Gaudry, *Du Domaine*, tome 1, p. 611.
(2) Hauriou, p. 500.
(3) Voyez Borde, thèse pour le doctorat, p. 160.
(4) Voyez. *Traité de droit administratif*, V. p. 318.

mauvaises et les textes muets, refuse aux églises le caractère domanial. — De même encore, le Conseil d'Etat s'accorde avec nous pour répudier ce système flottant de conditions implicites. Il ne se prononce pas sur la domanialité des églises, il les déclare simplement dominées par l' « affectation » dont elles ont été l'objet. Cette solution n'en est pas une. On sait que, suivant nous, l'affectation entraîne le caractère domanial. Nous dégageons ainsi ce que comporte la doctrine du Conseil d'Etat et la nature des choses.

Une conséquence d'ailleurs généralement admise fait classer dans le domaine, par le seul fait de leur affectation, même les églises construites par les fabriques. Dans quel domaine public ? Dans celui de la commune, pense M. Ducrocq, puisque, seuls, l'Etat, le département, la commune en ont un. C'est une erreur. Pourquoi ces trois unités administratives auraient-elles ce privilège, et en vertu de quel texte ? N'y a-t-il pas une anomalie criante à classer ces édifices dans la propriété des fabriques et dans le domaine des communes ?

Les principes suffisent à montrer les intérêts pratiques de cette domanialité, de l'inaliénabilité, de l'imprescriptibilité, qui en sont les traits. Les églises ne peuvent être l'objet d'aucun droit de possession ni de propriété, de la part des tiers ;

elles échappent à toute hypothèque, toute servitude, toute mitoyenneté.

Ici même se pose, précisément à cause de ses
conséquences pratiques, la question de l'affectation. Quand et comment les églises ont-elles été
affectées aux services du culte? Les unes — les plus
nombreuses — l'ont été en même temps qu'elles ont
été restituées par l'art. 12 du Concordat, par les
articles 75 et 77 de la loi du 18 Germinal an 10.
Les autres par une délibération de l'autorité qui,
les ayant construites, en est propriétaire, soit le
Conseil Municipal, soit le conseil de fabrique. Il
est même à noter qu'aux termes de la loi de 1884,
la décision du Conseil Municipal est réglementaire en cette matière, c'est-à-dire dispensée de
l'approbation préfectorale ou ministérielle, sauf le
cas où l'édifice, qu'il veut affecter au culte, l'est
déjà à un autre service public. Au reste, il faut
bien y voir, comme l'indiquait à la tribune du
Sénat M. Clamageran, un acte d'autorité, un acte
de commandement, qui échappe aux recours contentieux.

Mêmes solutions, exacte concordance pour la
« désaffectation (1) ». Il faut et il suffit que la
même autorité statue. Pour les premières — celles

____

(1) Art. 167 de la loi du 5 avril 1884.

que vise le Concordat — la question fait doute :
Certains auteurs sont portés par leurs tendances
religieuses à exiger un accord entre les pouvoirs
civil et ecclésiastique, puisque c'est entre ces
deux parties qu'est intervenu le Concordat dont
l'article 12 fixe la condition des églises. Cette
argumentation tombe si l'on ne voit dans ce texte
qu'une mesure de police. Celle qui imposerait la
nécessité d'une décision législative ne nous paraît
pas meilleure, encore que le Conseil d'Etat l'ait
admise en une circonstance (1). La vérité est qu'un
simple décret suffit, et depuis, la même Assemblée
ne s'y est plus trompée . (2) Sans doute le Concordat,
la loi de l'an X ont prévu la restitution des églises.
Quant à l'exécution de cette règle générale, elle
s'est faite par des actes de gouvernement, auxquels
on ne saurait attribuer un caractère de perpétuité,
auxquels par suite un décret peut apporter telles
ou telles modifications.

A Paris, une espèce bien connue s'est présentée,
qui a mis en présence, donc en conflit, ces diverses
opinions. Il s'agissait de l'église Saint-Nicolas-
des-Champs, dont une partie devrait être démolie
par l'ouverture d'une voie de communication,

(1) Voyez avis de la section de l'intérieur, 5 décembre 1882.
(2) Voyez 21 novembre 1884 — 12 avril 1889.

déclarée d'utilité publique (1). Plusieurs questions se posaient : celle des dépêches du préfet et du Ministre des Cultes, enjoignant à un conseil de fabrique de procéder à l'évacuation et formant, par là même, des décisions de nature à être déférées au Conseil d'Etat pour excès de pouvoir ; celle de la procédure d'expropriation, applicable ou non aux biens du domaine public.

Ne retenons que la question de la désaffectation. M. Marguerie soutenait, devant le Conseil d'Etat, que la désaffectation peut et doit être opérée par décret. Ce point ne fut pas résolu. Il en déduisait qu'un décret portant déclaration d'utilité publique du projet de dégagement d'une église au moyen de la démolition des sacristies attenantes n'a pas eu pour conséquence de prononcer la désaffectation implicite, et ceci fut admis. — Débouté donc, et à bon droit, fut le Conseil municipal de Paris, qui jugeait la question résolue par le premier décret. Sinon, ajoutait-il, ce serait admettre que la désaffectation pourra être refusée et que le chef de l'Etat, qui a reconnu l'utilité publique, pourra se déjuger. Ce raisonnement ne fut pas plus admis que celui de l'avocat de la fabrique,

(1) Voyez Recueil des arrêts du Conseil d'État : année 1884. P. 803. Gazette des tribunaux, du 22 novembre 1884.

M⁰ Housset, d'après qui la désaffectation ne pourrait résulter que d'une décision du pouvoir législatif.

Actions. — Si les principes sont bien et nettement posés, les conséquences en doivent découler
sans difficulté, semble-t-il. Il n'en est rien.

Ainsi à quelle autorité reconnaîtrez-vous le droit
d'agir en justice au sujet des églises ? A la commune d'abord et sans doute, ceci n'a été contesté
que par un arrêt isolé (1) Mais faudra-t-il le dénier
à la fabrique, puisqu'elle n'a pas le droit de propriété ? Certaines décisions de jurisprudence l'ont
fait (2) en considérant la fabrique comme une
simple usufruitière selon le Code Civil. Voilà
l'erreur, nous l'avons signalée, nous la soulignons
à nouveau : aucun texte n'indique cette assimilation,
certains faits la démentent, rien ne permet d'étendre
ici les règles de la propriété privée. Ce qui est certain au contraire, c'est que la fabrique doit veiller
à la conservation des églises, peut donc intenter
les actions devant les tribunaux. Qui veut la fin
veut les moyens.

Ce concours de droits de la commune et de la fa-

(1) Voyez : Nancy 31 mai 1827 : ville de Mirecourt contre
Thirion. Sirey, 32, 2, 206 et la note.

(2) Voyez : Sirey, 1836, 2, 474 et 475. Conseil d'État : 7 mars
1838.

brique ne sera-t-il pas la confusion ? Cette coexistence ne sera-t-elle pas plus féconde en conflits qu'en bons effets ? La crainte est vaine, et nous pensons, avec M. Ducrocq, que le droit d'action n'est pas départagé. Une doctrine (1) en apparence plus précise dit que ce droit doit être attribué à l'une ou à l'autre dans la limite où chacune y a intérêt, d'après les termes de la loi. Dès lors, la fabrique agirait seule par exemple quant aux revendications limitées à l'intérieur de l'église ou encore quant aux dégradations, dont la réparation tombe dans les dépenses d'entretien. Prenons garde : cette notion d'intérêt, mesure des actions, est large, très-large, nous oblige à reconnaître à la commune le droit d'agir même au cas où la fabrique, étant propriétaire de l'église, semble avoir exclusivement tous les droits : la commune a intérêt, puisqu'elle peut être tenue de fournir un édifice au culte.

Ce droit d'action s'exercera le plus ordinairement contre les tiers ; mais il peut arriver que la fabrique le mette en mouvement contre la commune, qui aurait porté atteinte à son droit de jouissance sur l'église ou rendu plus difficile son obligation de veiller à l'entretien et à la conservation.

(1) Voyez Borde : thèse pour le doctorat, p. 188.

CHAPITRE II

Les *dépendances* de l'église sont les murs, les piliers extérieurs, les contreforts, les chapelles adjacentes, les chemins de ronde. Elles suivent sa condition, elles ont ordinairement le même propriétaire.

Il faut dire des chemins de ronde, en particulier, que ce sont des terrains ménagés autour de l'édifice pour en faciliter l'accès ; que, n'en étant point des parties intégrantes, ils ne sont ni inaliénables ni imprescriptibles ; qu'ils ont : 1° pour *origine* l'avis du Conseil d'État, du 18 décembre approuvé le 25 janvier 1807, invitant le ministre à ordonner aux maires de ne vendre aucun ancien cimetière entourant l'église sans lui soumettre le projet d'aliénation, afin qu'il décide ce qu'on pourra réserver comme chemin de ronde ; 2° pour *preuve de leur légitimité*, le décret du 4 avril 1866, décidant qu'une commune peut recourir à l'expropriation pour cause d'utilité publique, pour acquérir les terrains nécessaires à l'établissement d'un chemin de ronde ; 3° pour *limite* l'arrêt du Conseil d'État du 2 décembre 1881, déclarant que le Ministre, libre de statuer, n'est ni lié par l'avis de 1866, ni exposé à voir sa décision attaquée au contentieux.

Les dépendances intérieures et les dépendances incorporées à l'église font partie, comme elle, du domaine public. Les autres — celles qui n'y sont pas adhérentes — ne sont pas dans ce cas (1), les dérogations au droit commun étant de droit étroit. Nous repoussons l'opinion (2) qui, entre ces dernières, distinguerait subtilement celles qui sont nécessaires au culte, pour les faire participer de la domanialité, et celles qui ne le sont pas.

Les *meubles* des églises offrent une occasion unique d'appliquer les principes et de s'inspirer des données générales, puisque les textes sont muets à leur endroit.

Pour définir leur nature, il y a lieu de se servir des dénominations du Code Civil. Tel est le point certain. Où le doute commence, c'est sur la question de savoir dans quelle catégorie il faut ranger ces meubles. Une opinion simpliste (3) en fait en bloc des immeubles par destination, suivant le sort des édifices, donc classés au même titre dans les

(1) Dans ce sens, M. Ducrocq.
(2) Voyez Borde : thèse, p. 207.
(3) Voyez Gaudry, op. cit. n⋅ 726 et Tribunal d'Alençon : 6 octobre 1841.

biens communaux. Une autre, plus juridique, se fonde sur une distinction rationnelle entre ceux qui, comme les autels fixes, les boiseries scellées, la chaire, les tribunes, les grands jeux d'orgues, étant l'objet d'une incorporation matérielle, deviennent immeubles par destination, et ceux — tels que les vases sacrés, ornements, livres — qui restent meubles.

Si on l'admet, il reste à déterminer qui a la propriété de cette dernière catégorie des meubles, des vrais meubles. La question n'est point simple ; pour y répondre, il faut nécessairement subdiviser ce mobilier suivant ses origines :

A. — Quid des meubles rendus au culte comme les églises, en vertu du Concordat, de la loi de Germinal an X ? Quelques décisions de jurisprudence (1) et, naturellement, tous les auteurs à tendances religieuses en attribuent la propriété aux fabriques. Cette méthode intuitive n'est pas la nôtre, non plus que celle qui, aveuglée par les textes, attribue cette propriété à l'État, en alléguant que l'État a confisqué immeubles et meubles, mais n'a restitué au culte que les immeubles.

La vérité est qu'ils appartiennent aux communes, l'accessoire suivant le principal. Le sort

(1) Voyez notamment jugement de Chartres du 5 janvier 1891.

des églises détermine celui des meubles qu'elles contiennent. Mais ici même certains auteurs repoussent (1), nous admettons, nous, une différence à établir entre les meubles ordinaires, que la fabrique achète, entretient, remplace et, par suite, possède et ceux qui, étant des objets d'art, sont en quelque sorte élevés d'un degré et deviennent des biens communaux (2). Subjectivement, ces derniers sont des immeubles. Cette distinction nouvelle résulte de la nature des choses, elle est implicitement faite dans la loi du 30 mars 1887.

B. — Quid des meubles, postérieurement acquis et placés dans les églises? Une opinion fait valoir : qu'ici la propriété ne fait pas doute ; que les fabriques ont des droits absolus sur les meubles payés de leurs deniers ou du produit de subventions. Mieux valait, à nos yeux, rééditer la même distinction en meubles ordinaires et meubles ayant un caractère artistique, et exiger, pour l'aliénation de ces derniers, l'avis du Conseil municipal, de l'évêque et du préfet. Ce n'est pas à dire que les fabriques fussent soumises à cette procédure à titre d'usufruitières, comme l'indique bien à tort une circulaire souvent citée du 27 avril 1839. Non.

(1) Voyez Borde : op. cit., p. 232.

(2) Dans ce sens, Ducrocq et arrêt de la Cour de Paris, du 12 juillet 1879. D. 80, 2, 101.

Il en devait être ainsi, parce que les fabriques
sont en tutelle, donc soumises à autorisation,
parce qu'au lieu de reconnaître au préfet un droit
de vote, il est plus sensé de lui attribuer la faculté
de réglementer ces opérations. Si les meubles artistiques sont élevés au rang d'immeubles, ils n'appartiennent pas nécessairement à la fabrique. Ainsi ceux
donnés par l'État deviendront bien communaux (1),
car « il est, dit M. Borde, absurde de prétendre
« que l'État est demeuré propriétaire ». Nous adhé-
rons à l'opinion, sinon au terme qui l'exprime.
Que la commune ait un droit effectif, ceci a été
reconnu par la Cour de Paris, 12 juillet 1879 : le
Conseil municipal de Paris, armé du droit de
revendiquer, a pu faire déclarer nulle une vente
de certaines tapisseries faite, en l'espèce, par la
fabrique de Saint-Gervais-Saint-Protais.

Les incertitudes ont pris fin par la loi du 30 mars
1887 sur la conservation des monuments histo-
riques ; la distinction des meubles s'impose désormais. Il doit être fait un classement des objets
mobiliers d'art, appartenant à l'État, aux communes, aux fabriques et autres établissements publics. Même procédure pour le déclassement, prononcé de même par le Ministre de l'Instruction pu-

(1) Voyez Lyon, 19 décembre 1873. D. 79, 2, 89.

blique et des Beaux-Arts. En outre, les objets classés, appartenant aux communes, *fabriques* et
autres établissements publics ne peuvent être res-
taurés, réparés, *aliénés* par vente, don, échange
qu'avec l'autorisation du Ministre. On mesure
toute l'étendue de la protection de cette catégorie
de meubles, qui, en quelque sorte, changent de
condition.

Indiquons une espèce intermédiaire de biens
mobiliers, qui ne sont ni artistiques, ni d'un usage
courant. La loi du 22 pluviôse an 7 — interprétée
par une décision du 16 avril 1811 — en fixe la
vente aux enchères publiques soit en présence du
maire, soit par le ministère d'un officier public.

L'importante question de savoir si les meubles
des églises appartiennent au domaine public est
posée et aussitôt résolue par nos précédentes conclusions. C'est l'affirmative, si l'on pense avec
nous que « l'affectation » à un service public crée
la domanialité. Il a été jugé ainsi, à propos des tapisseries de l'église Saint-Gervais, dont il est plus
haut fait mention. La négative déclare le jugement
nti-juridique en faisant valoir que le domaine public ne saurait se composer que d'immeubles. Cette
règle est tirée abusivement, nous l'avons dit, d'une
analyse aventureuse de l'article 538 du Code Civil,

mais admise notamment par M. Ducrocq, qui dès lors ne peut plus classer dans le domaine les meubles, même artistiques. Il s'en abstient. Mais alors à quel titre et pour quelle raison dénier à la fabrique le droit de libre aliénation ? Rigoureusement on ne saurait échapper au dilemme : ou ces meubles appartiennent au domaine public, et, dès lors c'est à tort que vous n'y rangez que des immeubles ; ou ils appartiennent au domaine privé, et alors qui vous autorise à en empêcher la vente?

Cloches et horloges. — Les *cloches* appartiennent à celle des autorités, qui en a fourni les frais. La fabrique a donc un droit de propriété quelquefois, mais non un droit de libre placement : avant d'installer une ou plusieurs cloches, il faut l'avis conforme du Conseil municipal, qui est intéressé puisque la ruine de l'édifice peut s'ensuivre. C'est plus qu'une bonne précaution à prendre ; c'est une obligation. L'usage des cloches est, en principe, destiné au culte catholique, exceptionnellement à des causes étrangères à la religion, dans des cas qu'une circulaire ministérielle du 17 avril 1884 prescrit de limiter le plus possible. Il faut reconnaître au maire le droit de réclamer une clef du clocher même lorsqu'il existe un sonneur attitré.

Quelle est la nature juridique des cloches? Une distinction, d'apparence justifiée, est proposée entre les cloches matériellement incorporées, et, par suite, immobilières, et les cloches non adhérentes à la maçonnerie, qui demeurent des meubles (1). Nous tenons au contraire que les unes et les autres sont des immeubles par destination : dès lors, si, en vue de l'acquisition d'une cloche, un legs est fait à une fabrique, ce n'est point celle-ci, mais la commune, qui devra l'accepter (2).

Les *horloges* ordinairement placées aux églises ont même nature juridique. Quoi qu'on en aît dit (3) et précisément à raison de leur utilité, il faut reconnaître tant à la fabrique qu'à la commune la faculté de les faire librement établir pourvu que les considérations architecturales ne s'y opposent pas.

CHAPITRE III

S'il est vrai que la commune et la fabrique aient chacune des droits sur les églises, s'il est arbitraire cependant de reconnaître à l'une la nue-propriété,

(1) Voyez arrêt de Rouen, du 23 avril 1866.
(2) Dans ce sens, note du Conseil d'État du 5 juin 1888.
(3) Voyez Journal des Conseils de Fabrique, tome 7, p. 368.

à l'autre l'usufruit, il importe de déterminer leurs obligations réciproques à l'aide des textes et par le détail.

Le Décret de 1809, section 4, charge les fabriques principalement, les communes subsidiairement de toutes les charges des églises : grosses réparations — et, dépenses ordinaires du culte, comprenant notamment les réparations d'entretien.

Ce texte a longtemps été la règle de la matière. C'était mal le combattre que de dire qu'établissant au profit du culte des faveurs non consenties par le Concordat, il en violait l'esprit et constituait manifestement une usurpation du pouvoir spirituel sur le pouvoir temporel. C'était mal le défendre que de prétendre qu'il n'a fait que réaliser logiquement, que développer nécessairement le sens du Concordat. Que le Concordat n'aît pas prévu et fixé les obligations communales, ce n'est pas contestable, mais qu'il en comportât l'établissement ou l'exclusion, c'est ce que nous nions également. Pourquoi donc y chercher et surtout y découvrir des indications qui n'y sont pas ? Pourquoi se livrer encore à ce travail de « dissection », dont parle M. Hauriou ?

Nous reconnaissons donc au même titre et pour des raisons identiques, au législateur le droit de réglementer la matière, de définir et d'étendre les obligations communales, — tel fut le but de la partie citée du décret de 1809 — ou, au contraire, de les limiter, de les restreindre — tel a été l'effet de la loi de 1884 (art. 136, 12°). Au lieu de contester un droit incontestable, mieux vaut remarquer combien cette législation répond à l'esprit public, plus favorable à la religion dans une période, plus laïque dans une autre.

L'article 136, 12° de la loi du 5 avril 1884 indique comme dépenses obligatoires de la commune : « les grosses réparations des édifices communaux, sauf lorsqu'ils sont consacrés aux cultes l'application préalable des revenus et ressources disponibles à ces réparations ». Cette charge, ainsi déterminée, n'a jamais été mise en discussion. Elle était inscrite même dans une rédaction adoptée dans la séance du 1ᵉʳ mars 1883 sur la demande d'un laïque inflexible, M. Jules Roche. Admettre ce texte, c'était prononcer formellement le caractère subsidiaire de l'obligation, c'était la supprimer au cas où les églises appartiendraient aux fabriques, c'était enfin et surtout la supprimer relativement aux dépenses ordinaires du culte, aux réparations d'entretien.

Sur ce dernier point essentiel, la discussion fut vive et serrée dans les deux Chambres. Le 1ᵉʳ mars 1883, Mgr Freppel et, le 5 novembre 1883, lamen-

dement Cassou proposaient vainement le statu quo :
MM. Jules Roche et Bastid n'avaient pas de peine à
justifier, à faire voter la réforme. Au Sénat, trois
délibérations, aux dates des 14 février, 13 mars,
20 mars 1884, dont seule la deuxième (1) aboutit à
un vote rétablissant, à une voix de majorité, le
statu quo et où MM. de Pressensé et Bardoux, l'un
plus philosophe, l'autre plus politique défendirent
les intérêts religieux contre le rapporteur et contre
M. Waldeck-Rousseau.

C'était la quantité des arguments qui manquait
le moins.

Pour affranchir les communes des secours à
allouer, on démontrait que l'Etat n'a pas le droit
de faire peser sur elles de telles obligations. Quant
à établir s'il doit lui-même les supporter, la question était réservée. Cette démonstration n'en était
pas une à nos yeux, quoi qu'on ajoutât que la loi
reconnaît à l'Etat la possibilité d'insérer dans le
budget communal les dépenses obligatoires qu'il
veut déclarer telles. Sans doute. La question est de
savoir, à chaque espèce, s'il doit le faire, si cela
s'impose, si c'est justifié.

La raison fondamentale, celle qui a été le moins

(1) C'est à tort que M. Morgand. (Tome 2, p. 279 in fine) indique que la première délibération eût même résultat que la
deuxième.

invoquée, c'est que les communes et les fabriques sont des administrations indépendantes, ayant des objets différents et des missions distinctes. Prétendre qu'elles ont également et au même titre le culte dans leurs attributions, c'est heurter l'évidence.

Le propre des fabriques, c'est de percevoir le prix des locations et concessions, le produit des quêtes, oblations et pompes funèbres, ce doit être en revanche de pourvoir exclusivement au paiement des employés, à l'achat des ornements, au service intérieur : voilà son domaine, voilà son budget.

Le rapporteur du Sénat ajoutait que la commune n'avait pas le contrôle réel de la gestion de la fabrique, qu'elle était hors d'état de juger l'insuffisance des revenus. Cette raison préjudicielle et de pure forme en quelque sorte n'existe plus, depuis l'innovation de 1892-93.

Il découvrait encore une objection, grave à ses yeux, et insistait visiblement dans la séance du 14 février 1884.

« Je suis persuadé que je ne trouverai aucune
« contradiction sur ce point d'aucun côté de cette
« assemblée, il y a quelque chose de véritable-
« ment scandaleux à ce que les dépenses ordinaires
« de la fabrique soient portées et soumises aux dé-

« libérations du Conseil Municipal. Je n'ai jamais
« pu me contenir en y pensant. » Indignation superflue, car le contrôle d'une assemblée sur l'autre est
naturel et ne soulève pas ces froissements ni ces
humiliations, dont on s'épouvante par avance. Chose
significative d'ailleurs, la loi de 1884 le supprime
ici, mais, en un autre article, le généralise en obligeant les fabriques à communiquer leurs comptes et
budgets au Conseil Municipal, qui acquiert par
suite le droit de présenter des observations. C'est
le contrôle rétabli par la voie détournée. — A l'inverse, de même nature et de même valeur était
cette critique, soulevée par la droite et le centre
gauche contre la réforme proposée « Rendre les
« secours facultatifs, c'est faire statuer le conseil
« municipal non point sur des raisons budgétaires,
« mais sur des motifs d'ordre moral. Les subsides
« demandés seront refusés tantôt pour de misé-
« rables questions de personne, tantôt pour des
« questions d'antipathie religieuse. Vous allez
« mettre la religion aux voix dans toutes les com-
« munes de France. Que dis-je, c'est parfois Dieu
« lui-même que vous allez mettre aux voix. Et vous
« dites que vous allez assurer la paix publique et
« la paix des esprits ! mais vous allez, au contraire,
« provoquer les questions les plus irritantes, et, je
« puis le dire, celles qui troublent le plus l'huma-

7

nité, pour son honneur. » (1) Le sens pratique répondait alors, l'expérience de douze ans répond aujourd'hui que de telles délibérations ne prennent ni cette acuité, ni cette intensité. De rares municipalités, dans de rares régions, subventionnent le culte librement, la paix n'est pas troublée et Dieu lui-même n'est pas mis en cause.

Les adversaires simplistes des intérêts religieux voulaient supprimer l'obligation communale « par respect pour la liberté de conscience. » Débatteur âpre, mais avisé, M. Jules Roche se gardait d'invoquer cette raison, car, en affaires, en politique, il faut se défier des concepts métaphysiques. Où commence, où finit la liberté de conscience ?

Elle suffit, par exemple, à faire le procès de tous les rapports des pouvoirs laïque et ecclésiastique. Quelques téméraires s'y essayèrent. Une minorité déclara que la réforme préparerait la séparation des Eglises et de l'Etat sans se douter que ce régime ne saurait être « l'Eglise libre dans l'Etat libre », comme on l'a dit, car l'Etat ne pourrait pas reconnaître la personnalité de l'Eglise ni des subdivisions administratives de celle-ci (diocèses, paroisses, etc). L'Etat ignorerait l'Eglise comme puissance,

(1) Discours de M. de Pressensé au Sénat, séance du 14 février 1884.

seulement il reconnaîtrait des associations qui géreraient les intérêts religieux à titre purement individuel, fabriques, etc » (1) M. Jules Roche, après avoir limité la discussion, l'a dépassée dans une péroraison, où le ton se hausse et où la voix s'enfle : « En faisant cela, vous réaliserez l'une des
« réformes les plus fécondes et les plus considé-
« rables, qui, avec l'établissement de l'instruction
« laïque et obligatoire auront été accomplies de-
« puis la Révolution Française. »

Pour aboutir à cette conclusion exagérée, il avait justement établi que les charges des fabriques diminuent, alors que leurs revenus augmentent. Ce qui le démontre explicitement, c'est que la quotité annuelle et totale des subventions communales, dont elles avaient besoin, ne dépassait pas 1.460,000 francs. Les chiffres parlent et nous ne saurions dire avec certains auteurs (2). « Peu nous importent les chiffres ».

Le statu quo était détruit. On essaya, du moins, de le rétablir pour partie, de mettre à la charge des communes, d'ailleurs subsidiairement, une catégorie de dépenses ordinaires de la fabrique, celles afférentes à l'entretien des églises. C'était le but de

(1) Hauriou. op. cit : p. 31.
(2) Borde, op. cit.

l'amendement Cassou, discuté à la Chambre dans la séance du 6 novembre 1883. Comment le justifier? L'auteur fit valoir l'intérèt bien entendu des communes en disant : « Si la fabrique n'a pas fait « ou n'a pas pu faire les dépenses d'entretien, qui « lui incombent, il en résultera à brève échéance la « nécessité de graves réparations ». Cette argumentation n'est même pas spécieuse. M. Bastid n'eut pas de peine à la détruire en montrant le remède dans la loi elle-même : si ces réparations d'entretien ne sont plus imposées aux communes, elles sont du moins facultatives. Que les municipalités examinent donc si, dans certaines situations données, il ne serait pas véritablement conforme à leur intérêt de prendre ces dépenses à leur charge. — Depuis 1884, il en est ainsi, elles statuent librement. Ce régime a aujourd'hui fait ses preuves.

La réforme est, en somme, importante par ses résultats, importante par l'idée de sécularisation, qui l'inspire. La théorie de « solidarité passive », qui liait la commune et la fabrique n'existe plus. A la place, nous avons un système, fondé sur la destination spéciale de chacune de ces deux personnes morales, sur des textes plutôt que sur des conceptions à priori, enfin, à certains égards, sur l'idée des rapports d'un nu-propriétaire et d'un usufruitier. Que si la commune n'est ici tenue des grosses réparations que subsidiairement c'est, pour elle, un allègement, une différence. Il ne faut rien exagérer, car, en droit commun, si le nu propriétaire les a exclusivement à sa charge, il n'est pas tenu de les effectuer, son rôle est passif.

Aux parlementaires alarmés de la situation des fabriques M. Bastid répondait que si elles disposent des églises, c'est « gratuitement ». C'est exact. Cela signifie qu'elles ont mission de les affecter au culte, mais seulement dans la mesure de leurs moyens, sans indemnité à payer, sans versement à opérer. D'où il suit que, même privées des secours communaux, elles-mêmes n'en supporteraient pas le fardeau. Seul le culte pourrait en souffrir éventuellement.

Depuis l'apaisement des passions, cette réforme est de moins en moins contestée. Il reste contre elle dans quelques milieux, dans de rares publications, les objections produites contre toute l'œuvre laïque de la même période, indignations injustifiées, inquiétudes imaginaires, considérations morales et politiques, qui ne sauraient nous convaincre, qui, en tout cas, ne doivent pas nous retenir.

L'innovation de 1884 a rendu nécessaire une distinction précise à établir entre les diverses dépenses afférentes aux églises.

D'une part, la fabrique est exclusivement tenue des frais d'embellissement, des réparations d'entretien, des réparations locatives. D'autre part, elle est tenue aussi des grosses réparations et des reconstructions, mais avec faculté de recourir à la commune, quand ses propres revenus n'y suffisent pas.

On peut découvrir un essai de criterium dans l'art. 606 du Code civil : « Les grosses réparations « sont celles des gros murs et des voûtes, le réta- « blissement des poutres et des couvertures en- « tières; celui des digues et des murs de sou- « tènement et de clôture aussi en entier. Toutes « les autres réparations sont d'entretien ». Il faut dire de ce texte qu'il n'est pas limitatif et y apporter certaines précisions. Ainsi, par « gros murs » il faut entendre : non-seulement, les quatre murs formant le périmètre du bâtiment, mais tous les murs de refend, qui s'élèvent à partir du sol jusqu'au sommet de l'édifice et qui supportent les poutres, les charpentes et les cheminées. Ainsi, le qualificatif « entier » ne s'applique pas à toutes les réparations et même en ce qui concerne les réparations auxquelles il s'applique comme les couvertures, il ne doit pas être pris à la lettre. On aperçoit que toute reconstruction à neuf, totale ou même simplement partielle, d'un gros mur, ordinaire ou mitoyen, sera une grosse réparation. En un mot, on peut dire avec M. Huc, que les *réparations d'entretien* sont une conséquence de la jouissance de la chose, alors que les *grosses réparations* ne sont jamais rendues nécessaires que par un accident, par un cas fortuit ou par la vétusté.

Deux hypothèses peuvent se présenter : ou la fabrique pourvoit seule aux grosses réparations — ou elle a recours à la commune.

I. — Pour y subvenir seule, elle n'est pas dispensée des formes tutélaires. Elle doit prévoir la dépense au budget ou dans une délibération spéciale, prise par le conseil ou par le bureau des marguilliers, suivant le degré d'importance. Il faut, en outre, l'autorisation du préfet, quand la dépense excède 200 francs (art. 41 et 42 du Décret de 1809) du ministre, quand elle excède 20,000 francs (ordonnance du 8 août 1821). Dans tous les cas, le préfet peut interdire ou suspendre les travaux dès qu'il le juge nécessaire (Circulaire du 6 août 1841).

La fabrique doit-elle provoquer l'avis du Conseil Municipal ?

S'il s'agit de *réparations ordinaires* ce n'est pas

exigé. La Cour de Cassation (1) l'a jugé ainsi, à propos de travaux de peu d'importance ayant pour but de faire avancer jusqu'à l'entrée du porche la porte principale, de faire fermer les arches latérales et de mettre fin à des désordres qui souillent les cérémonies religieuses et compromettent la dignité du temple.

S'il s'agit de *grosses réparations*, la controverse s'élève. La négative se fonde : sur les textes qui dispensent la fabrique de provoquer l'avis du Conseil Municipal, puisqu'ils ne l'y obligent pas expressément ; sur les règles d'interprétation, d'après lesquelles les incapacités sont de droit étroit ; sur cette considération que l'usufruitier se livre, sans ces formalités, à ces travaux ; enfin, sur une Circulaire du 6 août 1845. Il est superflu de réfuter ces raisons par le détail. Nous croyons à la nécessité de l'avis du Conseil Municipal, sauf, au cas de refus, le droit de recourir à l'Administration supérieure. La négative dit que ce droit même supprime cette nécessité, puisqu'on reconnaît que la commune n'aura pas irrévocablement le dernier mot. Raisonnement vicieux, qui supprime les diffé-

---

(1) 18 juillet 1888. *Pandectes Françaises* 1888. I. 410, avec rapport de M. Demangeat et conclusions de l'avocat-général Chévrier.

rences dès qu'elles ne sont pas décisives. Le droit attribue souvent à certaines autorités la faculté de faire connaître leur manière de voir, sans leur conférer celle de statuer. C'est précisément le cas ici. La vérité est que la municipalité doit donner son avis, parce qu'elle est manifestement intéressée à ces travaux, parce que les textes, art. 19, 6° de la loi de 1837, art. 114 de la loi de 1884, visant les édifices communaux, sont formels et généraux (1).

S'il s'agit de *constructions nouvelles*, il faut à fortiori, l'avis du Conseil municipal. Si cet avis formule un refus, la fabrique a le droit de recourir au préfet, comme dans le cas précédent. De même aussi la commune peut recourir contre les actes des fabriques, qui lèsent ses droits ou qui sont entachés de vices de formes. — Le préfet enfin, peut toujours les annuler.

S'il s'agit de démolir une église avec la pensée de la reconstruire, il faut à la fabrique l'assentiment de la commune ou, à défaut, l'approbation de l'autorité supérieure. De même, s'il s'agit de la reconstruire totalement ou partiellement. A ce propos, à qui doit incomber la charge d'une reconstruction ? A la commune, encore qu'elle n'en soit

(1) Dans ce sens, Tribunal de Saint-Marcelin du 10 janvier 1892. Pandectes 92. II. 349 et la note.— Marie, op. cit.

pas plus tenue que la fabrique en droit strict. Cette réponse se fonde sur les principes ; elle est confirmée par cette décision que c'est à la commune qu'il appartient de pourvoir, pendant les travaux de réparation, à l'exercice du culte dans la paroisse et, par conséquent, à la location des lieux, où le culte sera célébré (1).

Une règle commune à ces diverses espèces, c'est que les droits, qui sont reconnus à la fabrique, ne sont reconnus qu'à elle, et non point, par extension, au curé : ce qu'il ordonne est non avenu et ne fait qu'engager sa responsabilité. Quid des modifications, qui seraient apportées à une église par un architecte ? Contre lui la commune a-t-elle une action directe à l'effet de faire supprimer les travaux accomplis indûment ou, en cas de refus, de se faire rembourser les frais de la suppression exécutée d'office ? Oui, à cette seule condition que le traité passé entre l'architecte et la fabrique ne soit pas régulier, c'est-à-dire autorisé par l'administration supérieure. S'il l'était, l'architecte serait à l'abri. La réciproque est-elle vraie, c'est-à-dire l'architecte a-t-il action directe contre la commune ? Non, parce que les traités passés par lui avec la fabrique seule ne sont valables qu'autant

(1) Conseil d'État, 26 février 1870.

qu'elle justifie de ressources suffisantes. Dès lors, la commune n'aura jamais à payer des travaux, auxquels elle-même n'aura pas consenti.

II. — Si la fabrique recourt à la commune, à quelles conditions et sous quelles formes le fait-elle?

Depuis la loi de 1884, cette faculté ne lui est reconnue que s'il s'agit d'édifices communaux, ce qui est une innovation ; il est de plus déclaré expressément que l'obligation de la commune est subsidiaire, ce qui était admis (1), sans être formulé. Ce dernier trait a son histoire, cette histoire sa signification : Pour aboutir à la réforme de 1884, restrictive des charges municipales, le rapporteur du Sénat faisait valoir que la commune ne devait supporter que celles afférentes aux grosses réparations, ajoutant que, dans cette mesure du moins, elle seule en aurait l'obligation. Il insistait: « Ou les mots ne veulent rien dire, ou « ils n'ont pas de sens, ou cette langue française « si claire, si correcte, si respectée à ce point de « vue de toutes les nations, est devenue d'une « obscurité à laquelle personne ne peut rien com- « prendre, ou cette interprètation est la vraie, la « seule vraie, et la seule possible (2) ». Cette con-

(1) Voyez les avis du Conseil d'Etat : 30 janvier 1833; 27 décembre 1833 ; 14 juillet 1835.
(2) Voyez Sénat : Séance du 13 mars 1884.

cession était faite pour soustraire, en revanche, la commune aux frais ordinaires du culte, à quoi on ne réussit pas. Aussi, à la même séance, M. Lenoël parvint à la retirer et à inscrire dans le texte même le caractère subsidiaire de l'obligation communale. Son argumentation serrée se fondait : sur les principes, car les fabriques, ayant plus de droits, doivent avoir plus de charges qu'un usufruitier selon le Code Civil ; sur l'équité, car il est juste qu'elles consacrent leurs revenus souvent abondants à tous les besoins du culte ; sur l'intérêt des communes, qui, sur 10 millions par an de dépenses de cette nature, n'en supporteront guère plus de la moitié.

Donc il faut qu'à la suite de la présentation des comptes et budgets de la fabrique il soit bien constaté qu'il y a « insuffisance des ressources disponibles ». Sur quel criterium se fondera-t-on pour l'établir, pour la définir ? La question est grave.

Préjudiciellement, on se demande si dans les ressources disponibles rentrent celles qui proviennent de la vente d'un immeuble ou d'une rente ; si, par suite, la réalisation de ces capitaux peut être imposée en vue de ces travaux ? La négative résulte

(1) 2 juillet et 6 août 1884. — Dans ce sens, Ducrocq et Borde. op. cit.

de deux avis du Conseil d'Etat (1), qui a craint visiblement que les fabriques se dépouillent de leurs réserves. Nous jugeons cette crainte exagérée et l'affirmative préférable. En effet, leurs ressources normales devant y suffire, l'exercice du culte ne sera nullement compromis par la nécessité d'aliénation de ces capitaux. Regardons les faits : se rallier à la négative, c'est admettre que la contribution de la fabrique sera, dans la plupart des hypothèses, insignifiante; elle n'aura, pour s'en exempter, qu'à faire des dépenses inutiles, fastueuses ou encore — procédé précieux — des placements en rentes. Est-ce là l'esprit de la loi de 1884? Est-ce au hasard qu'après avoir usé du terme restreint de « revenus » le législateur s'est servi de l'expression plus large de « ressources disponibles »?

Quelle que soit la solution, elle ne définit pas complètement le sens et l'étendue du mot « ressources disponibles ». Le rapporteur du Sénat avait pensé et écrit que ce serait simplement l'excédent des fabriques, leurs dépenses tant obligatoires que facultatives étant faites. Il y aurait eu abus. M. Waldeck-Rousseau fut amené, au Sénat, à le corriger en déclarant que ce serait « le solde

______

(1) Sénat : séance du 29 mars 1884.

de la caisse, une fois que les fabriques auraient
employé aux frais du culte la somme qui doit être
raisonnablement affectée à cet usage. » (1) La
précision qui manquait, à été apportée par la Circulaire ministérielle du 15 mai 1884. « Les res-
« sources disponibles sont celles qui résultent de la
« différence des ressources de toute nature et du
« total des dépenses obligatoires. » Cette interprétation — la plus rigoureuse à l'égard des fabriques
est la plus prudente. Elle permet de dire si, quand
une fabrique contracte un emprunt, elle doit être
considérée comme disposant d'une ressource disponible : oui, a-t-on répondu justement, à cette
seule condition que le service de l'annuité d'emprunt ne l'empêche pas de faire face aux dépenses
nécessaires du culte. Est-ce à dire que le Conseil
Municipal peut critiquer les dépenses relatives
au culte, même quand elles sont approuvées par
l'évêque? Il faut admettre la négative. (3)

Quelles sont les formes du recours? Sous le
régime de 1809, qu'il s'agisse de grosses réparations ou de réparations d'entretien, une délibération est prise par le conseil de fabrique, adressée
au préfct, complétée d'un devis et communiquée,
pour avis, au Conseil Municipal, et aboutit à une

(3) Conseil d'Etat: 10 avril 1860. D. 60. 3. 46 et la note.— Lettre
du Ministre des Cultes du 4 octobre 1872 D. 78. 3. 81 et la note.

décision préfectorale ordonnant les réparations et les mettant à la charge de la commune au moyen d'une inscription d'office, par voie d'autorité.

L'esprit de la loi de 1884 est autre ; il procède de l'idée de contrat entre les deux personnes morales.

Art. 136, 12° : « Sont obligatoires pour les « communes les grosses réparations aux édifices « communaux, sauf lorsqu'ils sont consacrés aux « cultes l'application préalable des revenus et res- « sources disponibles des fabriques à ces répara- « tions. S'il il y a désaccord entre la fabrique et la « commune, quand le concours financier de cette « dernière est réclamé par la fabrique dans les cas « prévus aux art. 11 (concernant le logement du » curé ou desservant) et 12, il est statué par décret « sur la proposition du Ministre de l'Intérieur et des « Cultes. »

Ainsi, aujourd'hui, c'est à la commune que la fabrique s'adresse directement, ce qui est préférable.

Ou elle accepte, et alors l'accord se fait entre elles, sans intervention du préfet hormis le cas de l'art. 68, 3° de cette loi de 1884, quand sont dépassées les limites des ressources ordinaires et extraordinaires, que les communes peuvent se créer sans autorisation spéciale.

Ou elle refuse, et alors il y a lieu de provoquer, suivant la procédure indiquée par le texte, un décret qui d'ailleurs peut être, à son tour, attaqué pour excès de pouvoir et qui est rendu sur la proposition des Ministres de l'Intérieur et des Cultes. S'il y a désaccord entre eux, le Président de la Ré-République les départagera. C'est là un droit nouveau imprévu par la Constitution qui exige que tout décret soit revêtu du contre-seing du ministre responsable. Qui du ministre dont le chef de l'Etat aura suivi l'avis, ou des deux ministres, donnera le contre-seing? Question plus importante, la décision présidentielle doit-elle intervenir après avis du Conseil d'Etat? Non, peut-on répondre, puisqu'aucun texte ne l'exige. Oui, selon nous, parce qu'il est encore plus exact qu'aucun texte ne donne au Président un pouvoir d'arbitrage entre les ministres, parce que ce pouvoir est bien dans le rôle du Conseil d'Etat, qui vide les conflits entre départements ministériels, enfin parce que le Conseil d'Etat est le tuteur supérieur des communes et des fabriques.

Il y a lieu de soustraire ces hypothèses à l'application de l'art. 149, qui charge tantôt le Chef de l'Etat, tantôt le préfet d'imposer des dépenses aux communes.

Ce ne sont là que des règles théoriques. Il se trouve que les formes, telles que nous les avons résumées et qu'elles résultent du décret de 1809 (art. 93 et suivants) sont encore observées, conformément d'ailleurs à une décision du Ministre des Cultes du 17 septembre 1884, mais non plus à peine de nullité (1), dès que la commune reconnaît l'utilité de la dépense. Mais si elle refusait de la voter, cette dépense ne prend un caractère obligatoire que si toutes les formalités ont été rigoureusement remplies. Donc, recours de la fabrique au préfet qui prend l'avis du Conseil Municipal et statue.

Au cas de désaccord, il faut donc un décret. S'il reconnaît l'obligation de la commune, ordonne-t-il en même temps l'inscription d'office au budget communal? Oui, à cette condition formelle que la municipalité aît été mise en demeure au préalable, spécialement et directement, de pourvoir à cette dépense nécessaire.

Quelle est la sanction de cette rigoureuse réglementation? La commune n'est engagée que si toutes les formalités ont été exécutées (2).

(1) Conseil d'Etat : 9 juin 1882. Dalloz 83. 3. 119.

(2) Arrêts du Conseil d'État, du 2 juin 1880. D. 81. 3. 46, et du... et du... 1er avril 1881. D. 83. 3. 82.

Quels sont ses moyens? Si elle a des ressources, elle procède à l'inscription d'un crédit au budget. Sinon, elle doit recourir à une imposition extraordinaire ou à un emprunt dans les conditions déterminées par la loi de 1884, ou, enfin, à une demande de secours soit au département soit à l'Etat. Cette dernière forme est prévue par une Circulaire des Cultes, du 12 janvier 1882, relative aux subventions d'un quart ou, au plus, d'un tiers, aux communes rurales à fin de constructions, réparations, acquisitions. La demande contient la délibération du conseil de fabrique, qui doit porter affectation à cette dépense de toutes ses ressources, et celle du Conseil Municipal, qui fait connaître à la fois son avis et le montant nécessairement notable de sa part contributive.

Quand la contribution communale a lieu, quels sont ses effets? Elle donne à la municipalité les prérogatives dans la direction des travaux (1), ainsi que le droit de se prévaloir de l'inobservation des conditions (2), sans l'exposer aux poursuites de l'entrepreneur, qui n'a contracté qu'avec la fabrique (3). Son obligation étant générale, la circonstance que le conseil de fabrique a reconnu dans une délibération la nécessité des travaux à

(1) Voir plus loin, pages 121 et suivantes.
(2) Conseil d'Etat : 9 juin 1882, déjà cité.
(3) Conseil d'Etat : 19 décembre 1867. Recueil des Arrêts, 67. p. 940.

exécuter à une église n'est pas suffisante pour mettre les travaux à la charge de ce dernier (1).

Il doit sans doute fournir toutes ses ressources disponibles. D'accord, à condition qu'il ait concouru au projet. Dès lors, le décret qui déclare non obligatoire pour la commune et, par a contrario, obligatoire pour la fabrique, le paiement du solde des réparations exécutées à l'église est entaché d'excès de pouvoir, si la commune s'est chargée seule des travaux (1).

Il faut craindre de dépasser les termes et l'esprit de la loi : aussi peut-on mettre en doute l'obligation de chacune de ces deux personnes morales relativement à la reconstruction des églises et la répudier nettement en ce qui concerne l'assurance contre l'incendie, qui est un acte d'administration facultatif pour les fabriques.

Si elles y procèdent, l'assurance peut être contractée avec une Compagnie mutuelle ou à primes fixes et doit comprendre les bâtiments, leurs accessoires, le mobilier. Une fabrique qui négligerait de passer ou d'entretenir régulièrement un contrat d'assurances, alors même que le paiement des primes annuelles serait pour elle une lourde charge, assumerait une responsabilité grave, car elle n'a, si l'église vient à être détruite par l'in-

(1) Conseil d'Etat : 11 février 1887. Recueil des Arrêts, 87. p. 145.
(2) Conseil d'Etat : 29 juin 1894. Recueil des Arrêts 94. p. 437.

cendie, aucune action ni contre la commune ni contre l'État, pour les contraindre à lui fournir une église nouvelle ou une indemnité. Elle peut sans doute invoquer l'article 97 de la loi de Germinal an X. « Dans les paroisses où il n'y aura « point d'édifice disponible pour le culte, l'évêque « se concertera avec le préfet pour la désignation « d'un édifice convenable ». Mais la location de cet édifice ne constitue pas une dépense obligatoire pour la commune.

Il va de soi, du reste, que l'indemnité, reçue en cas d'incendie appartient exclusivement à la fabrique, qui a payé les primes sauf affectation de cette indemnité à la reconstruction de l'église, avec l'approbation de la commune et l'autorisation de l'administration supérieure (1).

Quand la paroisse comprend plusieurs communes ou, réciproquement, quand la commune comprend plusieurs paroisses la question n'est pas aussi simple.

I. — Le 1er cas — une paroisse comprenant plusieurs communes — se présente quelquefois dans les campagnes et donne lieu au jeu des principes. Dès lors, les municipalités sont obligées de payer les grosses réparations que ne peut supporter la fabrique, sans pouvoir s'en affranchir par la pos-

(1) Marie, op. est. p. 396.

session ou la création d'églises, où se célébreraient quelques offices religieux, mais non consacrées régulièrement comme paroisses au culte catholique (1).

Pour qu'il en soit ainsi, il faut que les travaux n'aient pas été amenés par le fait et pour l'avantage d'une seule des communes intéressées. Ainsi, au cas où l'une — celle qui possède l'église — l'a fait démolir pour établir une place publique, rectifier le tracé d'une route, l'autre n'est pas tenue de concourir aux dépenses, même si l'édifice menaçait ruine.

Quelles sont les formes du concours?

D'après la loi de 1837, chaque Conseil Municipal prenait une délibération, après quoi le préfet statuait.

Il appartenait à la loi du 5 avril 1884, libérale et décentralisatrice, de faire confiance aux communes, de leur laisser de l'initiative, de provoquer l'accord entre elles par un rapprochement, par une discussion en commun. Désormais, pour tous les objets intéressant plusieurs communes, donc pour les églises dans notre hypothèse, les maires avertissent le préfet et correspondent entre eux au nom de leurs Conseils Municipaux. Ces assemblées

(1) Arrêt du Conseil d'Etat : 12 juillet 1866. D. 1867. 3. 68 et Avis du 24 juillet 1886.

délèguent chacune ses représentants à une commission, qui prend des décisions, qui deviennent
exécutoires par leur ratification. L'approbation préfectorale n'est nécessaire que dans les cas, où la
nature de l'affaire la comporte suivant le droit
commun.

Quant à la répartition, la loi du 14 février 1810
la fixait entre les communes au marc le franc,
quand il fallait recourir à une contribution extraordinaire, excluant toute convention contraire ; c'est
le préfet qui après avis du Conseil d'arrondissement
et du Conseil Général, répartissait la charge. Les
communes retrouvaient leur liberté, si elles sub-
venaient à la dépense au moyen de ressources ordinaires. — Un auteur (1) expose que ce système n'a
été bouleversé que par la loi de 1884, art. 116, qui
aurait fait de cette liberté de convention le droit
commun. Jamais erreur ne fut plus grossière. C'est
méconnaître, c'est ignorer l'existence de la loi du
10 août 1871.

Aux termes de son article 46,13° « le Conseil
« Général statue définitivement sur les difficultés
« élevées relativement à la répartition de la dé-
« pense des travaux qui intéressent plusieurs com-
« munes du département ». C'est une attribution,

(1) Voyez Borde, op. cit. p. 446.

qui a été enlevée à son profit au préfet. Une délibération prise conformément à ce texte est-elle attaquable pour excès de pouvoir? L'affirmative est
admise par la jurisprudence (1) et fut contestée
bien à tort par le département de l'Intérieur, qui
invoquait en sens contraire des arrêts du Conseil
d'Etat, rendus avant la loi de 1871, par conséquent
sans valeur. Le préfet a conservé sa compétence
pour procéder aux inscriptions d'office, qui sont
des actes d'exécution, donc attaquables pour excès
de pouvoir (2). On sait que s'il n'y avait pas exécution, s'il n'y avait pas possibilité d'une atteinte
portée aux droits des requérants, cette voie de
recours ne serait pas ouverte. C'est un principe
analogue à celui qui veut que les contribuables,
au lieu d'attaquer, pour excès de pouvoir, les
arrêtés préfectoraux, qui rendent exécutoires les
rôles émis en matière de curage, par exemple, ou
les actes qui approuvent des impositions extraordinaires, attendent que les rôles soient publiés et

(1) Dans ce sens, arrêt du Conseil d'Etat du 25 janvier 1878.
Recueil des Arrêts p. 79.

Dans ce sens, arrêt du Conseil d'Etat du 5 juillet 1885.
Recueil p. 631.

Dans ce sens, arrêt du Conseil d'Etat du 5 juillet 1894.
Recueil p. 2.

(2) Conseil d'Etat : 23 juin 64. D. 65. 3. 4. — 5 janvier 1894
déjà cité.

mis en recouvrement pour se pourvoir par voie de demande en décharge ou en réduction. Le recours n'a de raison d'être qu'après que l'autorité a manifesté la volonté de faire usage de son droit par voie coërcitive.

Malgré les innovations de 1871 et de 1884, il a été décidé (1) que le partage de la dépense se fait entre les communes au prorata des quatre contributions directes, conformément à la loi de 1810.

II. — Plus fréquent est le cas où une commune comprend plusieurs paroisses. Elle pourvoit suivant le droit commun aux grosses réparations nécessaires aux églises.

La question est moins simple, quand la paroisse forme en même temps une section de commune, c'est-à-dire une unité ayant une personnalité propre, indépendante de celle de la commune dont elle fait partie et avec laquelle elle peut même se trouver en opposition d'intérêts.

N'est-il pas vrai alors que la contribution doive être fournie par la section de commune, qui, en fait, forme une commune distincte, qui, lorsque la défense de ses intérêts l'exige, est représentée par une commission syndicale, qui, étant seule pro-

(1) Décision de l'Intérieur ; 24 janvier 1885.

priétaire de l'édifice, doit seule pourvoir aux réparations, et d'autant plus que seuls ses habitants en ont l'usage ? Cette opinion, exposée par M. Aucoc (1) fut longtemps admise par le Conseil d'Etat et le Ministère de l'Intérieur.

D'autres auteurs (2) ont voulu résoudre la question, comme il arrive fréquemment en droit, par une distinction. « Faites supporter, disent-ils, les dé- « penses extraordinaires par la section, qui a la « possibilité d'établir à cette fin des impositions « extraordinaires. Mais réservez les dépenses ordi- « naires pour la commune entière, car il ne doit y « être pourvu que par des ressources ordinaires. Or « la section n'en a pas. » C'est oublier que les sections de communes ne sauraient être autorisées à contracter des emprunts, à prélever des contributions, que dans les cas expressément déterminés par la loi.

La vérité est que la contribution doit être fournie par la commune entière. Cela résulte d'un avis très-général du Conseil d'Etat, ainsi que d'un arrêt (3), visant les dépenses obligatoires. Il doit en

(1) Voyez son ouvrage sur " Les sections de communes " p. 396. Dans ce sens, Gaudry, op. cit.

(2) Dans ce sens, avis du comité de l'intérieur : du 27 mai 1831; du 2 avril 1836. Arrêt du Conseil d'Etat, du 10 décembre 1840.

(3) Avis du 9 décembre 1858. Arrêt du 23 juin 1864.

être ainsi, car les sections de communes ne peuvent pas être considérées comme des communes ni en général ni spécialement au point dont nous nous occupons, car, depuis 1837, c'est la commune qui est propriétaire même des édifices publics, sis dans une section, dès qu'ils sont consacrés â un service public. Que si on nous oppose le décret du 30 décembre 1809, article 100, et la loi du 14 février 1810 portant qu'il sera pourvu aux grosses réparations au moyen de levées extraordinaires sur la « *paroisse* », nous répondrons que ce dernier mot s'entend, comme sous l'Ancien Régime, de la réunion de plusieurs villages. — S'il fallait d'autres arguments dans notre sens, nous ajouterions : que l'intérêt du culte est en jeu car les églises pourraient tomber en ruines faute de ressources, si elles ne comptaient que sur les sections ; que l'esprit de la loi de 1884 est de diminuer l'autonomie des sections de communes, comme en témoigne, par exemple, cette règle qui, au cas de réunion de cemmunes, attribue à la caisse communale les revenus de la commune, transformée en section pourvu toutefois qu'ils soient perçus en argent. (1)

Les fonds étant votés, qui dirigera les travaux ?

(1) Dans ce sens, Couturier : Les Sections de Communes ; leur personnalité juridique : thèse pour le doctorat : Mai 1896.

Si les fonds sont exclusivement fournis par la commune, ce sera celle-ci. Si par la fabrique, ce sera la fabrique, encore que cette réponse aît été longtemps contestée. On disait en faveur de la commune qu'elle doit présider aux réparations, puisqu'elle est propriétaire des églises, ce qui ne nous semble pas une conséquence forcée ; puisque, contrainte éventuellement de suppléer à l'insuffisance de revenus de la fabrique, elle est intéressée à la bonne exécution, ce qui n'est pas déterminant, l'opération de la fabrique ayant pour objet d'améliorer l'immeuble, non de le détériorer.

Si les fonds sont fournis et par la commune et par la fabrique, la direction des travaux doit appartenir, selon le Conseil d'Etat (1), à la commune, en raison des articles 95 à 98 du décret de 1809, portant que lorsqu'une commune est tenue de pourvoir aux frais de grosses réparations des édifices du culte, c'est à l'administration municipale à faire emploi des fonds, à adjuger les travaux et, par conséquent, à les diriger. Argumentation peu solide à nos yeux, parce que ce texte prévoit l'hypothèse de la contribution exclusive de la commune. Or, en l'espèce, elle n'est pas seule intéressée. La fabrique l'est aussi et quelquefois davantage. Aussi est-ce celle

(1) Arrêt du 24 juin 1870. Dalloz. 71. 3. 106.

de ces deux personnes morales, qui fournit la part principale, qui doit diriger les travaux, avoir le maniement des fonds, choisir l'architecte, sauf à laisser à l'autre un droit de surveillance (1), permettant de faire toutes démarches utiles pour que les dispositions du devis et les clauses du cahier des charges soient observées. Il adhère bien à cette solution en même temps qu'il montre l'incertitude des règles, l'arrêt du Conseil d'Etat, qui a admis la remise faite par le préfet de la direction des travaux de reconstruction à la fabrique, qui a recueilli des souscriptions importantes (2).

Par voie de conséquence, les secours alloués par l'Etat doivent être remis à la personne morale qui a la direction des travaux.

Souvent les fonds proviennent de souscriptions en totalité ou pour partie.

S'il y est procédé par la commune, c'est sa caisse qui les recueille. Si c'est fait au nom des commnnes et des fabriques, il y a entre elles partage par moitié (3). Quid si la souscription est recueillie pour l'église, sans autre précision ? C'est une opinion (3) erronée que d'en prescrire le versement à la

(1) Dans ce sens, Décision ministérielle du 26 février 1870. Dalloz. 71. 3. 47.

(2) 19 juin 1889. — Dans ce sens, décision du Ministère de l'Intérieur, insérée dans le Bulletin Officiel : 1868, n· 65. p. 496 .

(3) Arrêt du Conseil d'Etat, du 15 avril 1857.

caisse communale. Faut-il donc, au contraire, l'attribuer à la fabrique, pour se conformer au décret de 1809 (art. 1ᵉʳ) qui la charge de veiller à l'entretien du culte — et à l'arrêt du Conseil d'Etat du 16 mars 1868, qui se fonde sur ce que « ces « sommes sont des offrandes ou des libéralités faites « par les fidéles dans un intérêt religieux à un éta- « blissement public ayant capacité spéciale pour « représenter cet intérêt... En pareille matière, « l'intention des donateurs n'est pas douteuse et « ne saurait être méconnue sans s'exposer à voir « la générosité des fidèles se ralentir et sans nuire « à l'intérêt des communes ! » Nous inspirant de la solution relative à la direction des travaux, nous admettons pareillement que la souscription doit être versée dans la caisse de celle des deux personnes morales, qui supporte la plus grande part dans la dépense. (1)

Au cas où c'est la fabrique, il faut noter : 1° que le curé recueillant des souscriptions n'opère ni pour son compte personnel ni pour celui de la commune, mais bien pour celui de la fabrique. 2° que si une commune lui apporte une subvention, le receveur municipal, pour justifier du versement effectué par lui, devra exiger d'abord la quittance

(1) Dans ce sens, Ducrocq : Cours de Droit Administratif, nᵒ 1127.

du trésorier, puis, ultérieurement, après un délai suffisant, un certificat administratif faisant connaître que les deniers communaux ont été consacrés à l'usage auquel ils étaient destinés (1). 3° que dans le cas où les fonds alloués par l'Etat doivent être administrés par la fabrique parce qu'elle dirige les travaux, ils ne peuvent passer directement de la caisse du Trésor dans la sienne. Alloués à la commune, c'est en son nom qu'ils doivent être mandatés ; ils doivent être touchés par le receveur municipal qui les verse à son tour à la fabrique.

La règle, attribuant à la compétence de l'autorité administrative les contestations relatives à l'interprétation ou à l'exécution des engagements contractés en vue de travaux publics, s'applique ici, que la difficulté s'élève entre la commune et la fabrique, ou entre l'une d'elles et des souscripteurs.

____

(1) Opinion émise dans la Revue d'Administration ; 1891 II, p. 104.

QUATRIÈME PARTIE

LOGEMEMT DU CURÉ OU DESSERVANT

CHAPITRE PREMIER

« Est obligatoire pour la commune : l'indemnité
« de logement aux curés et desservants et ministres
« des autres cultes salariés par l'État, lorsqu'il
« n'existe pas de bâtiment affecté à leur logement
« et lorsque les fabriques ou autres administra-
« tions préposées aux cultes ne pourront pourvoir
« elles-mêmes au paiement de cette indemnité ».
Loi du 5 avril 1884. Art. 136, 11°.

Le bâtiment à ce destiné s'appelle le presbytère.

D'après la loi du 8 germinal an X (art. 72), portant réorganisation du culte, « les presbytères et
« jardins attenants non aliénés sont rendus aux
« curés et desservants. A défaut, les conseils gé-
« néraux des communes sont autorisés à leur pro-
« curer un logement et un jardin. »

A qui appartiennent les presbytères? Ce texte ne le dit pas, encore qu'on l'aît invoquè en faveur soit des communes (1) soit des cures ou succursales (2). Est-ce à dire qu'ils sont biens des fabriques? On l'a prétendu en invoquant: l'arrêté du 7 thermidor an XI, qui en décide ainsi pour les immeubles non aliénés ; le décret du 30 mai 1806, déjà vu, qui donne même solution pour les églises et presbytères supprimés ; des décisions ministérielles ; des arrêts de jurisprudence (3).

La vérité est que le presbytère est une propriété communale, solution impliquée dans l'arrêté du 7 ventôse an XI, qui prescrit aux Conseils Municipaux de s'assembler pour délibérer sur les dispositions à prendre par les communes pour l'acquisition, la location ou la restauration des bâtiments destinés au culte, impliquée aussi dans le décret du 30 mars 1809 (art. 44), qui veut que, lors de la prise de possession d'un presbytère, il en soit dressé, aux frais de la commune, un état de situa-

(1) Bruxelles, 20 et 25 mai 1881.

(2) Voyez Affre, op. cit.

(3) Voyez Cassation, : 6 décembre 1836, en doctrine, Gaudry, op. cit. ; Journal des Conseils de fabrique dans une consultation signée de Berryer, Odilon Barot, de Vatimesnil. Tome 1er P. 89.

tion ; admise enfin par une série d'avis du Conseil d'État (1).

Cette question n'est pas exclusivement théorique. Une Circulaire ministérielle du 12 janvier 1882 décide que, les églises et presbytères étant des édifices essentiellement communaux, il est indispensable que la *propriété* ne reste pas indécise entre la commune et la fabrique, lorsque l'une et l'autre concourent à la dépense. En conséquence, les préfets sont invités à n'autoriser aucune construction ou reconstruction, si la fabrique ne consent pas, tout d'abord et quelle que soit sa quote part, à céder ses droits de propriété à la commune. Que s'il y a procès entre communes et fabriques relativement à la propriété des presbytères, les tribunaux judiciaires sont compétents. La fabrique garde son action, même si un décret autorise ce qu'on appelle la « distraction », car, en vertu même du droit commun, ce décret n'a pas tranché la question de propriété.

Il n'est pas douteux, malgré la présomption que nous venons de formuler, qu'un presbytère appartiendrait à la fabrique, si elle en avait fourni les frais d'acquisition ou de construction — ou encore

(1) Voyez notamment ceux du 3 Nivôse et 2 Pluviôse an XIII et 3 novembre 1836.

s'il était de la catégorie visée par le décret du 30 mai 1806, traitant des paroisses supprimées.

Domanialité. — Le texte, qui a prononcé la restitution des presbytères, en a prononcé l'affectation, donc, selon nous, la domanialité.

Cette conséquence est généralement contestée, on les classe généralement dans le domaine privé de la commune. Cependant tout bâtiment |affecté à un service public participe de la domanialité. Si, cela étant démontré, on nous objecte que le presbytère est affecté non point à un service public, mais au service d'un fonctionnaire, nous ne nous arrêterons pas à l'objection. Quant à la démonstration, elle se fonde sur une argumentation serrée (1) :

A. — On nous dit qu'une chose ne peut faire partie du domaine public qu'en vertu d'un texte de loi. Or aucun texte, soit général pour les bâtiments, soit spécial aux presbytères n'existe.

Où a-t-on vu cette condition formulée? Elle n'est pas remplie en ce qui concerne les églises, qu'on veut bien néanmoins classer dans le domaine.

B. — Les articles 538 et 540 du Code Civil ne sauraient être isolés l'un de l'autre. Loin d'y découvrir

_____

(1) Dans ce sens, il faut lire Hauriou, op. cit. page 500, et, en sens contraire, la théorie de M. Ducrocq.

un ensemble de conditions exigées des biens du domaine public, il n'y faut voir qu'une énumération énonciative où il y a de tout.

C. — En raison enfin, il convient que l'affectation d'une chose à l'utilité publique produise toujours et partout les mêmes résultats.

Du fait même que les bâtiments, notamment les presbytères, sont dépendances du domaine public il résulte que la conservation peut en être assurée non seulement par des moyens de droit civil, mais par des moyens de police ; les préfets et les maires peuvent donc prendre des arrêtés à ce sujet. Tel est le seul intérêt pratique sérieux de cette discussion. Ces bâtiments deviennent imprescriptibles, mais cela ne peut paraître fâcheux à personne. Ils sont inaliénables et cette indisponibilité est-elle sans dangers? Ce qui la crée, c'est l'affectation ; mais rien n'est changé à l'état de choses, car il suffit de désaffecter un bâtiment pour le faire rentrer dans le domaine privé, dans le commerce.

On aperçoit que la théorie de l' « affectation » domine la matière. Les presbytères ont été affectés soit en vertu de la restitution de l'an X, soit par la construction, qui en a été faite depuis par les soins de la commune. Ils le sont en principe pour une durée permanente et indéfinie, mais qui peut cesser. C'est une mesure purement administrative, d'où il suit qu'en aucun cas ni le desservant ni la fabrique ne peuvent soutenir devant le Conseil d'État statuant au contentieux que le presbytère est insuffisant (1).

Quelles sont les conditions et les formes de la désaffectation? Elle s'opère librement par le Gouvernement, après avis de l'évêque, de la fabrique et de la commune, sans qu'il soit contraint de justifier de la nécessité d'installer un autre service public.

Nous verrons plus loin que la « distraction », qui n'est qu'une désaffectation partielle, est prononcée par décret après avis de l'évêque, en vertu de l'ordonnance du 3 mars 1825, et par simple arrêté préfectoral, s'il y a accord entre les parties. Les désaffectations proprement dites, puisqu'aucun texte ne les vise, ne doivent-elles pas être soumises à ces formes? Et d'abord, l'avis de l'évêque est-il exigé à peine de nullité? La négative a été décidée dans une affaire de Toulouse, dont nous allons parler.

Ensuite et surtout, la désaffectation est-elle nécessairement prononcée par décret ou arrêté préfectoral, suivant la distinction indiquée? On l'a

(1) Conseil d'Etat, 15 février 1889.

nié, on a prétendu que la délibération municipale
y suffit, on a invoqué dans ce sens une note (1) du
Ministre des Cultes, qui date de 1881, ainsi que
l'article 167 de la loi de 1884, qui donne aux communes la faculté de désaffecter les édifices religieux, « hormi ceux, ajoute l'article, affectés par
« les dispositions du Concordat et des articles orga-
« niques ». Cette réserve même détruit l'argument.
D'ailleurs, ne serait pas non plus applicable, parce
qu'il ne vise pas ces opérations, l'article 68 de la
même loi, d'après lequel la délibéralion du Conseil Municipal n'aurait besoin que d'une autorisation préfectorale.

La vérité est qu'une désaffectation présente les
mèmes caractéres qu'une distraction, qn'elle doit
donc s'opérer en la même forme. Et d'ailleurs,
toutes les difficultés entre les autorités civiles et
religieuses ne relèvent-elles pas du pouvoir central ? Ne doit-il pas en être ainsi pour les presbytères ? A-t-on, pour les soustraire à la forte
tutelle de l'État, une raison, un texte ? La jurisprudence (2) s'est prononcée dans notre sens, à
l'occasion d'une affaire retentissante à Toulouse :

(1) Voyez reeueil des Arrêts du Conseil d'Etat, 1881. p. 620.
(2) Voyez recueil des Arrêts du Conseil d'Etat, 1889. p. 961.
9 août 1889.

le presbytère de l'église Saint-Sernin était cons-
titué par un immeuble dénommé la « Collégiale
Saint-Raymond ». Le maire, pour se conformer à
une délibération municipale, en avait prononcé la
désaffectation par un arrêté, qui a été annulé pour
excès de pouvoir, et le maire a vainement fait
valoir que ces formes n'avaient pas été exigées ni
observées pour l'affectation du même immeuble,
en 1866-67.

M. Le Vavasseur de Précourt, commentant (1)
avec son autorité indiscutée cette décision, l'ap-
prouve ; mais c'est un bien faible et misérable
argument que de citer dans ce sens les lignes de
Portalis : « Le principal et le premier objet de la loi
« est de loger convenablement et le mieux possible
« les curés et desservants. Ce but serait quelque-
« fois manqué, en laissant aux préfets le soin de
« juger arbitrairement ce qui est convenable aux
« curés. On pourrait faire de la partie de logement
« qu'on leur enlèverait tel emploi qui les incom-
« moderait et leur donner tel voisinage qui s'as-
« sortirait mal avec leurs personnes ou leur carac-
« tère ». Cette défiance n'est-elle pas aussi inju-
rieuse qu'injustifiée ?

Il faut laisser à cette affectation son caractère

(1) Revue d'Administration, 1889. I. p. 318 320.

d'acte d'autorité, relevant de la compétence administrative, sans que le consentement de toutes les parties la puisse transformer en un contrat soumis à la juridiction de droit commun (1). On aperçoit que, si elle peut être attaquée, c'est pour excès de pouvoir, et seulement de ce chef.

CHAPITRE II

Quand il existe un presbytère, le curé en jouit. Sinon, il a droit à une indemnité représentative. De même il jouit du jardin attenant, s'il y en a un : mais, a-t-il droit aussi à un jardin ? Les auteurs à tendances religieuses le prétendent à raison des lois du 18 octobre et 10 décembre 1890, qui lui attribuent un demi-arpent, et de l'art. 72 de la loi du 18 germinal an X, qui ordonne de leur rendre les biens non aliénés. Nous pensons le contraire, parce que ces textes ont été abrogés sans être reproduits (2).

Il est loisible aux communes de provoquer en

(1) Conseil d'Etat : 8 juillet 1892. Voyez Recueil des Arrêts, p. 604.

(2) Dans ce sens, Marquès di Braga et Tissier, op. cit.

vue d'un service la *distraction* — c'est-à-dire la suppression de l'affectation — des parties superflues d'un presbytère.

Sous quelle forme? Aux termes de l'ordonnance du 3 mars 1825, art. 1er, aucune distraction ne peut avoir lieu sans autorisation spéciale du Chef de l'Etat, le Conseil d'Etat entendu (non l'assemblée générale, mais simplement la section de l'Intérieur). Depuis le décret de déconcentration du 25 mars 1852, le préfet la prononce, lorsqu'il n'y a pas d'opposition de l'autorité diocésaine. — Ces règles étant générales, la forme doit être observée pour tous les presbytères appartenant aux communes, même pour les dépendances, telles qu'un pré et une bruyère formant un seul enclos avec la cour et le jardin attenant, même au cas, où, en disposant pour un autre objet du presbytère, la municipalité affecterait, en même temps, un autre local au logement du curé; vainement, dans cette dernière hypothèse, les fabriques soutiennent que l'ordonnance du 3 mars 1825, permet strictement la distraction des parties superflues et non une affectation à un service entièrement différent de la totalité du presbytère par son transfèrement dans un autre local.

Pour qu'une distraction soit autorisée, il faut que la partie visée soit réellement superflue, et

que la municipalité ait en vue un autre service
public. — Nous inspirant de cette double condition, il nous sera aisé de solutionner les espèces
possibles.

Et d'abord, règles complémentaires de procédure : la partie distraite ne peut recevoir une affectation nouvelle que par un second décret, ce qui
doit être une disposition expresse, insérée dans le
1er. — La fabrique n'a pas droit à indemnité.
— Elle ne peut exiger non plus que cette opération soit subordonnée à la condition que le local
distrait redeviendrait partie intégrante du presbytère dans le cas où il cesserait de servir à sa
nouvelle destination.

Ne doivent pas être autorisées sous peine d'être
entachées d'excès de pouvoir, si elles l'ont été par
le préfet : la distraction de parties superflues d'un
presbytère dans le but unique de les aliéner pour
en consacrer le prix à des dépenses d'utilité communale ; celle qui a pour but d'éviter à la commune
les frais d'acquisition d'un terrain ; celle qui ten-
drait à utiliser la partie visée comme jardin de
l'instituteur, comme logement du fossoyeur, comme
champ d'expérience pour le greffage de la vigne,
comme jardin pour le bureau de poste, comme
buanderie municipale, etc. Puisque la loi des
20-25 décembre 1790 joint à chaque presbytère un

jardin d'un demi-arpent — 25 ares — 54 centiares — on ne saurait provoquer la distraction, à titre de partie superflue, de la portion d'un jardin, qui ne dépasserait pas cette étendue.

Les formes de la distraction s'appliqueront même si on a besoin de tout ou partie du presbytère pour un travail d'utilité publique ; mais non plus si on le prive d'une servitude active, dont il jouissait. Ceci n'est considéré que comme un dommage permanent, donnant simplement lieu à une action en indemnité devant le conseil de préfecture, et malheureusement illusoire, attendu que d'une part la fabrique ne pourra jamais justifier d'un dommage direct et que, d'autre part, le desservant ne pourra pas réclamer à propos de modifications apportées à l'état des lieux du temps de ses prédécesseurs (1).

Ces règles ont leur sanction (2) : Est illégal même l'arrêté d'alignement, pris par un maire sans l'observation des formes prescrites, pour réunir à la voie publique, une portion du jardin du presbytère.

Quant à l'effet de l'autorisation de distraction, il y aurait danger à l'exagérer. Ainsi elle ne tranche

(1) Voyez Tribunal des Conflits, 16 décembre 1882. D. 83. 3. 116.

(2) Voyez Conseil d'Etat : avis de la section de l'Intérieur, du 1er avril 1873.

pas la question de propriété et laisse place à une
revendication de la fabrique devant les tribunaux
judiciaires. Il faut même ajouter que, si cette propriété est contestée, le préfet doit surseoir jusqu'à
ce que le droit exclusif de la commune ait été
reconnu par l'autorité judiciaire (1).

Quels sont les droits du curé sur le presbytère ?
On ne saurait argumenter ici de ce qui existe pour
les églises, destinées, elles, à un usage collectif.

Le curé loge dans le presbytère. Serait-il un locataire ? Non, puisqu'il ne paie pas de loyer. Serait-il
un usufruitier ? Pas davantage, puisque son droit
n'a ni même origine, ni même étendue, ni mêmes
modes d'extinction.

Cependant, la conception d'un usufruit au profit
du desservant a pénétré dans la jurisprudence à la
suite de deux arrêts (2) confirmés par la Cour de
Cassation (3) et dont le 2ᵉ, classant les presbytères
dans les biens de la mense curiale, va même jusqu'à
attribuer au curé seul le droit d'exercer en justice
les actions y relatives sans la commune, malgré
elle et même contre elle. Tout en réagissant contre

(1) Conseil d'Etat : 29 juillet 1887. Recueil des Arrêts, p. 607
et la note 22 mars 1889, p. 385.
(2) Grenoble : 27 juin 1866, et Caen : 26 décembre 1877.
(3) Cassation, 4 février 1879. D. 79. 1. 221.

ces excès, une jurisprudence (1) plus récente maintient cette notion d'usufruit.

M. Ducrocq (2) la combat victorieusement avec
des arguments d'inégale valeur. Ainsi, dire qu'elle
repose uniquement sur la classification fausse des
presbytères dans les biens de la mense curiale est
par trop absolu. Mais il est exact qu'on dénature
les textes si l'on tire argument de l'art. 72 de la Loi
de Germinal au X, simple mesure de police ou, au
plus, affectation administrative des locaux communaux au logement des curés ou desservants. Il convient enfin de faire remarquer que ceux-ci sont si
peu usufruitiers que dans deux cas sur trois ils
seraient hors d'état d'exercer ce droit : 1° lorsqu'ils
sont logés dans une maison particulière affermée à
leur intention par la commune, 2° lorsqu'ils reçoivent une indemnité représentative.

Que cette matière soit soustraite aux qualifica-
tions du Code Civil, ce n'est point une vaine question de mots. Nous sommes en présence d'un droit
personnel de jouissance sui generis, qui a pour
origine et pour règle l' « affectation » administrative, qui se juxtapose et ne se superpose pas au

(1) Cassation, 30 mars et 9 juin 1882. D. 82. 1. 389-390.
(2) Voir dissertation dans Dalloz, 83. 2. 169.

droit primordial de la commune. La jurisprudence l'a finalement reconnu (1)

Le curé a le droit de recevoir le presbytère en bon état; mais on conçoit qu'il n'aît pas le droit au mobilier. Il ne peut ni louer ni céder son presbytère, bien que certains auteurs (2) l'y autorisent moyennant l'assentiment de l'évêque. S'il jouit d'un jardin, il n'a pas la possibilité, sauf autorisation communale, d'y apporter des modifications.

Il convient d'admettre qu'il peut embellir, améliorer, mais non point changer notablement l'immeuble, qui lui est confié.

Quid des réparations? Semblable, à cet égard, à un locataire, le curé ou desservant est tenu des réparations locatives. Les autres, celles qu'en droit civil le propriétaire supporte, se subdivisent ici; en réparation d'entretiens, travaux de conservation des murs, charpentes, toitures, couvertures, digues, murs de soutènement, reconstruction des clôtures, partielles, portes et fenêtres, repavage des cours, curage des puits — qui sont exclusivement à la charge des fabriques — et en grosses réparations, également à la charge des fabriques et, subsidiairement, à celle des communes.

(1) Tribunal des Conflits : 15 décembre 1883 et 13 mars 1886. Arrêt de la Cour de Toulouse, du 24 décembre 1885.

(2) Voyez Gaudry : op. cit.

Soient des réparations d'entretien irrégulièrement faites, par le curé par exemple, en exécution
d'une délibération du conseil de fabrique, non
soumise à la municipalité, non approuvée par l'é-
vêque : faut-il, dans ce cas, leur reconnaître le
caractère de « travaux publics » et en soumettre le
règlement des difficultés au conseil de préfecture?
Non, selon la Cour de Cassation (1) qui maintient
le litige à la juridiction civile en relevant que les
réparations ou reconstructions ont été faites dans
l'intérêt particulier du desservant. Il n'en peut être
autrement, et néanmoins le presbytère reste un
édifice public. Voilà pourquoi, à nos yeux, il faut
les considérer comme des travaux publics, car il
faut uniquement s'attacher à la destination d'utilité publique, qui se retrouve bien ici (2).

L'affaire Dupont centre la commune de Vallon-en-
Sully, dans laquelle la Cour suprême s'est prononcée, comportait cet autre point : savoir si le droit de
jouissance du curé sur le presbytère est un droit
foncier au sens de l'art. 14 du Décret du 6 novembre 1813 et si, par la même, il oblige le curé à se
munir de l'autorisation du conseil de préfecture pour

(1) 17 décembre 1884. D. 85. 1. 289 et la note.
(2) Dans ce sens, Conseil d'Etat 15 février 1889. Recueil des
Arrêts, p. 226.

rester en justice dans les procès y relatifs. C'est la négative, qui doit être et qui est admise. Mais où l'arrêt se trompe, c'est en reconnaissant au desservant un droit d'usufruit. M. Ducrocq a eu raison de cette erreur.

Il y a à mettre à part une espèce particuliére : celle où une paroisse existe avec un presbytère et sans titulaire : si elle est vacante, la commune ou la fabrique — celle des deux qui est propriétaire — peut louer le presbytère, si le binage (1) a lieu, c'est-à-dire si elle est desservie par le curé d'une paroisse voisine, il en a la disposition, et, puisque par définition il ne l'habite pas, il doit pouvoir le louer sauf autorisation de l'évêque.

D'une façon générale, le droit du curé est limité par la destination de l'immeuble. Il le perd en cessant ses fonctions pour une cause quelconque, et la commune est alors en droit, même sans intervention de la fabrique, d'exiger son expulsion.

Le droit fondamental du curé lui donne celui d'exercer une action possessoire s'il s'est troublé, ainsi que toute autre action contre la commune contre toute personne, qui porterait atteinte à sa jouissance. C'est le juge ordinaire qui est compétent — pourvu qu'il n'y aît pas eu acte adminis-

______

(1) Institution, qu'un projet ministériel rend à supprimer.

tratif, comme, par exemple, l'exercice légitime d'une prérogative du maire sur l'un des édifices communaux. Par qui seront exercées les autres actions relatives aux presbytères ? Par la fabrique, peut-on dire, et, s'il s'agit des droits proprement fonciers, par la commune (1). Resterait à définir les « droits fonciers ».

Les tribunaux judiciaires ont de même compétence pour statuer : sur une contestation entre une municipalité et un curé au sujet d'un presbytère, dont la commune revendique le libre usage comme propriété communale, et que le curé possesseur de l'immeuble, en vertu de l'affectation, qui en a été consentie par la commune en exécution de la loi, se refuse à délaisser immédiatement ; — sur l'action intentée contre un maire par un desservant, à raison : de la prise de possession illégale d'un jardin presbytéral par ordre du maire ; de la démolition d'un mur et d'excavation pratiquée pour le passage d'une canalisation d'eaux, qui doit entraîner la prise de possession permanente et définitive du sous-sol. Prise de possession en tout cas irrégulière, et, par suite, le maire ne saurait se prévaloir de la loi du 28 pluviôse an VIII

(1) Poitiers 29 juin 1883. D. 83. 2. 169.

pour invoquer une question préjudicielle d'ordre
et de compétence administratifs (1).

Nous maintenons aussi fortement le droit primordial de l'autorité : par suite nous lui reconnaissons la faculté d'apposer sur les presbytères les
affiches officielles. Quant à l'affichage des autres,
il ne saurait constituer un droit, puisqu'il heurte-
rait la jouissance du prêtre et les termes de l'article 16 de la loi du 29 juillet 1881, qui a reconnu
le droit d'affichage sur les édifices publics, « autres
que ceux consacrés aux cultes » seulement.

Cette coexistence de droits parallèles doit ame-
ner, on le comprend, des conflits, des empiète-
ments. Ainsi, le maire peut-il, et dans quelle mesure, faire apposer sur le mur d'un presbytère,
contre le gré du curé, le drapeau aux couleurs nationales? On l'a nié (2) en attribuant au curé un
droit d'usufruit avec ses prérogatives que nous lui
dénions nous. Nous reconnaissons au maire la faculté qu'il prétend exercer, mais nous ne la justi-
fions pas, comme on l'a fait (3) par cette considération que ce faisant il n'a porté aucune atteinte
au droit d'usufruit du desservant. De ce fondement

(1) Tribunal des conflits : 17 mars 1882.
(2) Poitiers : 29 Juin 1883. D. 83. 2. 169.
(3) Cassation, 31 mars et 3 juin 1882, déjà cité.

erroné on a conclu que le maire ne peut ni illuminer ni pénétrer dans l'immeuble pour pavoiser.

Encore une fois le tort de ce raisonnement est de se placer sur le terrain du droit privé. A s'y cantonner absolument, on devrait dénier au maire tout droit, car la location d'un appartement emporte celle de toutes ses dépendances tant intérieures qu'extérieures. La vérité est — nous le répétons — que le curé n'a qu'une possession née du droit public ; que le maire et ses représentants ont le droit de pénétrer dans le presbytère en tant que cela est nécessaire pour la décoration extérieure. Qui veut la fin veut les moyens.

CHAPITRE III

La loi de Germinal an X, nous l'avons dit, rend aux communes la propriété et aux desservants l'usage des presbytères, et, à défaut, autorise les conseils généraux des communes à y suppléer. De même, le décret de 1809, art. 92,2° et la loi du 18 juillet 1837, article 30,13°, mettent à la charge de la fabrique et de la commune un logement en nature ou une indemnité représentative.

L'obligation communale est-elle, sous ce régime, subsidiaire? C'est de jurisprudence constante et solidement assise. (1) Qu'avait-on à y opposer?

1° Des textes antérieurs à 1809, d'où il résulte que l'État, qui avait pris à sa charge le logement des curés et desservants, s'en est déchargé sur les communes.

Sans discuter le bien fondé de l'argument, il faut l'écarter par la question préalable. Ces textes ont peut-être un intérêt archéologique, mais non force légale.

2° Une interprétation byzantine du Décret de 1809, qui, dans son article 92, n'aurait pas formulé le caractère subsidiaire de l'obligation communale, ni, dans ses articles 37 et 46, énuméré dans les charges des fabriques la dépense du logement des curés.

N'isolons pas les diverses parties d'un même acte : ce caractère subsidiaire! il est inscrit dans l'art. 93 et dans l'art. 94.

3° L'extrait suivant de la loi de 1837, art. 30,13°. « Sont obligatoires pour les communes : l'indem- « nité de logement au desservant, s'il n'existe pas « de bâtiment à ce affecté » 14° : les secours aux

(1) Voyez: avis du Conseil d'État, du 21 août 1839, arrêt du 21 avril 1848: Nancy. — 14 mai 1858: St-Germain et St-Martin d'Argentan. — En sens contraire : Cassation: 7 janvier 1839; Gaudry ; Batbie.

« fabriques en cas d'insuffisance de leurs revenus,
« justifiée par leurs comptes et budgets ». — On
ajoutait que le rapprochement des textes est lumi-
neux et l'opposition significative; que dans le
second cas seulement l'obligation est subsidiaire,
donc, dans le premier, directe et absolue.

Toujours la méthode intuitive et le commentaire
hypothétique : ce fragment d'article résume, coor-
donne les charges des communes. Telle est sa
portée. Mais à quel titre l'invoquer au sujet du
point en discussion? Pourquoi tirer du silence de
la loi un bouleversement? Si changement il y a,
encore faudrait-il le prouver, et le fait-on? au lieu
de s'absorber dans les textes, mieux vaut les re-
prendre à leur origine, dans les travaux préparatoires, qui établissent péremptoirement la volonté
de maintenir, en l'espèce, la législation antérieure.
Cette législation, des instructions officielles la
consacraient. (1)

Mais ce régime lui-même fut l'objet des plus
vives discussions dans la préparation de la loi du
5 avril 1884.

Dans la séance de la Chambre du 1er mars 1883,
M. Jules Roche présente, soutient contre Mgr Freppel et fait voter la suppression de toutes les obli-

(1) Du Ministre des Cultes : 22 avril 1811. — Du Directeur
général de la Comptabilité des communes : 14 avril 1812.

gations municipales relatives aux cultes, c'est-à-
dire des secours à accorder à la fabrique et, aussi,
du logement ou de l'indemnité à fournir au prêtre.
Il s'élève avec une véhémence peut-être exagérée
contre ces usurpations de l'Eglise, contre cette
altération du Concordat. — Le 5 novembre, nouvelle discussion, où Mgr Freppel essaie de faire
rétablir le *statu quo* en montrant que, si le presbytère est la propriété de la fabrique, ce serait à
celle-ci à pourvoir au logement des curés, mais,
du moment que les presbytères sont réputés propriété communale, cette charge incombe aux communes — et il cite dans ce sens un avis de principe
du Conseil d'Etat de 1836. La réponse sobre de
M. Bastid écarte sans effort cet amendement.

Le Sénat ayant, au contraire, admis sans opposition l'obligation communale relativement au
logement du desservant, la question s'est posée à
nouveau devant la Chambre, le 27 mars 1884.
Nouveau discours de M. Jules Roche, qui signale
« la contradiction flagrante qui résulterait de la
« décision autorisant les communes à demander
« la désaffectation des immeubles consacrés aux
« cultes en dehors du Concordat et la décision
« nouvelle qu'on propose de prendre et qui impo-
« serait aux communes d'affecter au logement
« des curés des immeubles nouveaux, en dehors

« de ceux existant au moment du Concordat, ou de
« payer à ce sujet une indemnité non inscrite dans
« le Concordat ». Cet argument n'en est pas un :
qu'une municipalité puisse recourir à la procédure
de désaffectation, c'est justifié par certaines circonstances et soumis à des conditions rigoureuses,
nous l'avons vu. Quant à la charge du logement,
elle n'est pas sans doute imposée par le Concordat,
— mais elle n'est pas non plus interdite, ni manifestement contraire à son esprit. L'orateur ajoute
que les textes, qui l'ont stipulée, s'inspirent d'une
pensée de conciliation, peut-être de complaisance
vis-à-vis de l'Eglise. Ce n'est pas contestable.
Aussi est-il loisible au législateur de la supprimer,
si un autre esprit l'anime. Et M. Jules Roche con-
tinue brillamment, nerveusement, dirons-nous
âprement son réquisitoire contre le cléricalisme,
ce qui est peut-être dépasser la question.

Le rôle du rapporteur et du Ministre de l'Intérieur consiste alors à mettre l'accord entre les deux
Chambres. Le Sénat avait adopté l'obligation
communale de pourvoir : 1° à l'insuffisance des
ressources de la fabrique; 2° au logement du prêtre, s'il n'y avait pas de presbytère. Ils proposèrent
d'admettre la deuxième partie, parce qu'elle peut
à la rigueur se justifier, parce que, surtout, c'est
la moins importante, la moins lourde : en effet,

sur 36,000 communes, 642 seulement sont sans presbytère concordataire et se trouvent, par suite, tenues d'y suppléer. La question, où l'on engageait si fort les principes, est d'un intérêt restreint. M. Waldeck-Rousseau la réduit à son point et fait valoir combien on gagne à céder sur ce point, si l'on soustrait la municipalité aux dépenses ordinaire du culte, lors d'une insuffisance de revenus de la fabrique.

La transaction s'opéra sur ces bases.

« Est une dépense obligatoire pour la commune :
« l'indemnité de logement aux curés et desservants
« et ministres des autres cultes salariés par l'Etat,
« lorsqu'il n'existe pas de bâtiment affecté à leur
« logement et lorsque les fabriques et autres admi-
« nistrations préposées aux cultes ne pourront
« pourvoir elles-mêmes au paiement de cette
« indemnité ». Loi de 1884. Art. 136, 11°.

L'obligation, on le voit, est formellement sub-sidiaire et, autre innovation, limitée aux bâtiments appartenant en propre à la commune : les fabriques ont, les premières à appliquer à cette fin toutes leurs « ressources disponibles » et nous avons dit le sens de ce terme (1). — L'obligation est facul-tative : les communes, n'étant tenues de l'indem-

____

(1) Voir plus haut : 3e partie.

nité que s'il n'existe pas de logement des ministres du culte, peuvent elles-mêmes fournir le bâtiment, en vertu même de l'art. 92 du décret de 1809, reproduit par la loi de 1884.

Mêmes règles d'ailleurs que celles, qui concernent les églises (1), même charge, quant aux grosses réparations, même procédure au cas de conflit entre communes et fabriques.

Il semble, dès lors, facile de résoudre le problème, lorsque se produit l'érection d'une chapelle communale — la seule création nouvelle, qui soit possible dans la matière du culte. Considérant que la municipalité n'est tenue que subsidiairement, nous disons qu'elle doit se borner à prendre l'engagement d'assurer au chapelain une indemnité de logement jusqu'au jour où la fabrique une fois créée aura les ressources suffisantes pour acquérir un presbytère ou fournir cette indemnité. Un arrêt du Conseil d'Etat (2) semble être dans ce sens. Mais une pratique vicieuse, s'attachant à ce fait que, lors de l'instruction du projet, la fabrique n'existe pas encore, oblige la commune à la fourniture du presbytère ou à la justification des ressources nécessaires pour l'acquérir.

Précisons les limites de l'obligation communale :

(1) Voir plus haut : 3ᵉ partie.
(2) 27 novembre 1885.

les municipalités ne sont pas tenues de fournir le mobilier — ni en aucune façon de construire des presbytères, le dernier point a été établi par deux arrêts, dont l'un (1) porte même que l'acceptation par la ville d'une offre de concours de la fabrique pour la construction d'un presbytère n'entraîne pas engagement par elle d'exécuter les travaux et cela parce qu'on peut dire que la délibération du Conseil Municipal n'avait strictement pour objet que d'accepter l'offre de concours — dont l'autre (2), respectant la liberté d'action des personnes morales, ne considère pas comme entachée d'excès de pouvoir la disposition d'un arrêté préfectoral, qui fixe l'emplacement sur lequel la fabrique sera autorisée à construire un presbytère à ses frais.

On ne saurait davantage contraindre la commune à payer une prime d'assurance contre l'incendie du presbytère (3), ni à fournir l'indemnité pour le logement des vicaires. Si donc les vicaires sont logés avec le curé, il y a lieu, pour fixer le montant de cette indemnité, de déduire du loyer la valeur locative des locaux occupés par les vicaires (4).

(1) Conseil d'Etat : 27 novembre 1885. D. 87. 3. 53.

(2) Conseil d'Etat : 7 juin 1889 D. 91. 3. 4 : Puycornet département de Tarn-et-Garonne.

(3 Avi)s du Ministre de l'Intérieur du 14 août 1890.

(4) Lettre du Ministre de la Justice et des Cultes au Ministre de l'Intérieur : 25 mars 1890.

Ce n'est pas déroger aux règles posées, mais bien appliquer les principes que d'obliger la commune à pourvoir au logement du curé à titre principal, dans le cas où elle a aliéné le presbytère et où elle n'y a été autorisée qu'à la condition qu'elle continuerait à fournir ledit logement (1).

Le curé, avons-nous dit, a droit au logement ou à l'indemnité représentative. Dès lors, il nous faut approuver la décision suivante : « Lorsqu'une ville, « après refus de payer l'indemnité de logement du « curé, sous prétexte de non justification de l'in-« suffisance des revenus de la fabrique, s'est vue « par suite d'une inscription d'office dans l'obli-« gation de faire ce paiement et que, plus tard, « par arrêt du Conseil d'Etat, elle a fait annuler « cette inscription, elle est irrecevable et sans « action contre le curé pour répéter le paiement « indû. Les difficultés pouvant s'élever entre la « commune et la fabrique sont des questions de « budget, étrangères au curé, qui a touché légiti-« mement de l'un de ses deux débiteurs. » (2)

En la forme, la somme à payer par la commune doit être fixée chaque année, d'après l'examen des comptes de la fabrique. On conçoit qu'elle ne sau-

(1) Conseil d'Etat : 28 janvier 1676. D. 76. 3. 53.
(2) Cassation : 3 novembre 1885. D. 86. 1. 364.

rait l'être pour plusieurs années d'avance. Le préfet
a le droit et le devoir d'y veiller. S'il inscrit d'office une somme au budget, la commune n'est pas
recevable à en discuter la quotité par voie conten-
tieuse (1). De même s'il charge un expert d'éva-
luer la valeur locative d'un presbytère en vue de la
fixation d'une indemnité, sans inscrire une somme
quelconque au budget communal, cet arrêté ne
constituant pas un acte d'exécution ne saurait en
aucune façon être déféré au Conseil d'Etat (2).

S'il y a désaccord entre communes et fabriques,
la solution est la même qu'au cas où des grosses
réparations doivent être effectuées aux églises : il
est statué par décret, sur la proposition des ministres de l'Intérieur et des Cultes. Dans l'hypothèse
d'une paroisse comprenant plusieurs communes,
comment se répartira entre celles-ci la charge de
l'indemnité ? Aux termes du décret de déconcentration de 1852, ce sera fixé par le préfet ; rien ne
nous autorise à poser le même principe que pour
les églises, à savoir qu'il y a là une des attributions des conseils généraux. La loi décentralisatrice de 1871 n'a pas prévu l'hypothèse. Nous ne
pouvons suppléer à la loi. Si l'une des communes

Conseil d'Etat : 9 août 1889. Recueil des arrêts, p. 62.
Conseil d'Etat : 28 juillet 1893. Recueil des arrêts, p. 618.

achète un presbytère et si l'autre se refuse à contribuer à l'acquisition, il est équitable que celle-ci donne tous les ans à celle-là sa part proportionnelle de l'indemnité de logement (1).

Sur l'importante question de la compétence, nous résoudrons toutes difficultés avec et par les principes. On sait et nous avons dit que l'interprétation des actes administratifs relève des tribunaux de même nature. Soit une fabrique qui a reçu de la commune une promesse de concours aux travaux de réfection du presbytère, promesse insérée dans une délibération municipale, approuvée par décret ; soient des difficultés relatives à l'interprétation de ces actes : elles dépendent de la juridiction du Conseil de Préfecture et non du Conseil d'Etat, puisqu'il s'agit de travaux publics (2).

A l'inverse relèvent de l'autorité judiciaire : 1° La demande formée par un curé contre le maire et le trésorier de la fabrique à l'effet d'être réintégré avec dommages-intérêts dans le presbytère dont il prétend avoir été dépossédé sans droit (3). 2° Celle du maire, représentant de la commune, laquelle est propriétaire de l'édifice, en vue de faire cesser

(1) Conseil d'Etat : Avis de la section de l'Intérieur, du 30 mai 1833.

(2) Conseil d'Etat : 11 mai 1894. Recueil, p. 339.

3) Conseil d'Etat : 13 mars 1886. Recueil, p. 240.

un mode de jouissance, prétendu abusif et de nature à compromettre la solidité de l'édifice, car il ne pourrait prendre sans excès de pouvoir un arrêté tendant à l'interdire au desservant (1).

3° Tous litiges relatifs à la propriété d'un presbytère, sauf à surseoir lorsque l'une des parties fonde son droit sur un acte, dont l'ambiguité nécessite une interprétation administrative.

Ainsi, nous pouvons poser en principe avec la quasi-unanimité des auteurs, que les presbytères sont des biens domaniaux ; qu'il est loisible aux municipalités d'en provoquer, sous des conditions rigoureuses, la distraction des parties superflues ; que les actions, y relatives, s'exercent devant les tribunaux de droit commun ; qu'à défaut de presbytère ou d'autre logement, le curé a droit à une indemnité représentative, dûe principalement par la fabrique, subsidiairement par la commune.

Législation réfléchie et bien ordonnée, dont on a pu dire qu'elle est illogique (2), dont il faut marquer le caractère pratique, modéré, laïque enfin, suffisamment mais sans excès.

(1) Cassation : 26 mars 1887.
(2) M. Jules Roche, discours cité.

CINQUIÈME PARTIE

LES CIMETIERES

CHAPITRE PREMIER

« Il y aura hors des villes et des bourgs, à la
« distance de 35 à 40 mètres au moins de leur en-
« ceinte, des terrains spécialement consacrés à l'in-
« humation des morts » (Décret du 23 Prairial an
XII, article 2). « Ces dispositions peuvent être éten-
« dues à toutes les communes de l'Empire »
(ordonnance du 6 décembre 1843, article 1er).

A qui appartiennent les cimetières ? Et d'abord
pour ceux qui ont été acquis par les soins des communes, pour ceux, à l'inverse, qui ont été établis
sur des terrains donnés ou légués à cette fin aux
fabriques, la question ne se pose pas.

Il ne peut y avoir doute que pour les cimetières, qui, existant avant 1789, étaient des biens des paroisses. Que sont-ils aujourd'hui ? Il est certain qu'ils ont été classés, avec tout l'actif, dans les propriétés nationales par la loi du 13 Brumaire an 2, article 1er. Ils n'y sont pas demeurés. Une école (1) argumente, pour les attribuer aux fabriques : 1° du décret du 7 Thermidor an XI, qui restitue à celles-ci leurs anciens biens non aliénés, ce qui, dit-on, est général ; 2° de cette considération qu'il en doit être ainsi, puisque les fabriques recueillent les produits spontanés, ce qui a cessé d'être vrai, et sont chargées de l'entretien des cimetières, ce qui demeure exact de par la jurisprudence. — Cette interprétation extensive des textes, cette recherche d'harmonie dans les solutions ne nous persuadent pas. Les cimetières appartiennent aux communes, d'après la présomption permise par les termes du Décret de Prairial an XII, article 9 : « A partir de « cette époque, les terrains servant maintenant de « cimetières pourront être affermés par les com- « munes, auxquelles ils appartiennent » et en vertu d'une jurisprudence constante. (2)

D'ailleurs, si cette propriété soulève des contes-

___

(1) Mgr. Affre, Chareyre ; thèse pour le doctorat. ; Lacombe : Régime des Sépultures.

(2) Voyez, p. ex, Cassation : 31 mai 1886.

tations, elles seront portées, suivant le droit commun, devant les tribunaux ordinaires.

Question plutôt doctrinale et sans grands intérêts pratiques : car le jus utendi, abuttendi fruendi est ici réglé par la loi Toutefois au cas de désaffectation d'un cimetière, celle-là de la fabrique ou de la commune pourra le louer ou le vendre qui en a la propriété. De même, au cas théorique de découverte d'un trésor celle-là encore bénéficiera d'une partie.

Les fabriques, avons-nous dit, peuvent posséder des cimetières, s'ils sont établis sur des terrains, qui leur ont été donnés ou légués à cette fin. Ces libéralités, longtemps autorisées, ont cessé de l'être depuis quelque 35 ans (1), depuis que la notion dé « spécialité » des établissements publics est mieux connue et ce bienfaisant principe mieux respecté. Or les lieux d'inhumation sont expressément placés dans les attributions municipales. Par suite, c'est à la commune seule qu'il appartient d'accepter le legs fait à la fabrique d'un terrain, qui, d'après la volonté du testateur, devrait être converti en cimetière.

Domanialité. — Si les cimetières sont du domaine public ou s'ils sont du domaine privé de la commune, c'est une question en quelque sorte classique.

(1) Circulaire du 10 avril 1862.

Et d'abord, il y aurait une affirmation préalable, la majeure d'un raisonnement, comme on dit en logique, à justifier : à savoir que tout bâtiment ou même, dans un sens plus large, tout objet (res) affecté à un service public participe du domaine public. Aussi bien avons-nous indiqué les grandes lignes de cette théorie. Pour la détruire, on prend soin d'isoler l'article 538 du Code Civil, alors que rien ne permet de le séparer de l'article 540, car ils sont tous les deux et au même titre, énonciatifs. De cet article 538, ainsi mis à part, on induit avec îngéniosité : que les choses du domaine public doivent être des terrains non bâtis, alors que rien dans les textes ni en raison n'impose cette condition ; qu'elles doivent être insusceptibles, par leur nature physique, de propriété privée, alors que cette condition est quasi — impossible et jamais rèalisée sauf par les éléments, l'air, l'eau et la mer ; enfin qu'elles doivent être affectées à l'usage public proprement dit, à quoi il faut répondre que cette distinction entre l' « usage public » et un « service public » D est factice.

Admettre notre affirmation, c'est convenir que les cimetières sont du domaine public. Même si on la repousse, il faut en convenir encore, car ces conditions imaginaires, minutieusement découvertes et complaisamment détaillées, les cimetières les remplissent précisément.

Cependant on insiste. M. Ducrocq (1) montre : que le législateur du Code Civil, en soumettant au droit commun de la propriété les bâtiments, n'a pas donné à l'affectation à un service public la puissance de modifier leur nature légale ; qu'il s'est réservé de le faire par une disposition spéciale. Or, ici, il n'y a aucune disposition. Nous avons réfuté par avance cette argumentation qu'on appuie vainement sur un arrêt (2).

La jurisprudence n'est pas bien nette (3) sur la matière. (3)

On ajoute que le cimetière est bien dans le domaine privé, puisque la commune en perçoit tous les produits, même spontanés depuis 1884. En fait, rares sont les communes, qui en tirent un revenu appréciable. En droit, est-ce que la circonstance qu'un bien est productif de revenus a jamais été considérée comme devant le classer hors du domaine public ? La fausseté du principe engendre celle de la conséquence.

(1) Traité des Edifices publics, numéros 47 et suivants.
(2) Paris : 18 février 1854.
(3) Dans le sens de la domanialité privée, Conseil d'Etat. 19 mars 1863 ; Cassation : 24 août 1864, 31 janvier 1870, 26 avril 1875. — En sens inverse, décision du Ministère de l'Intérieur, 1861.

Que si on argumente de la nature du droit du concessionnaire pour induire que les cimetières appartiennent au domaine privé nous répondrons : qu'il est inexact que le domaine public soit insusceptible de droits réels ; qu'il comporte au contraire l'établissement de tous ceux qui sont compatibles avec sa destination ; que même, s'il fallait admettre que la concession perpétuelle est faite en pleine propriété, la conséquence n'est pas forcée. Le cimetière n'est pas un objet indivisible. On peut concevoir que son enceinte et les quartiers consacrés aux concessions temporaires sont des dépendances du domaine public, mais que les parties consacrées aux concessions perpétuelles ont été désaffectées, sont retombées dans le domaine privé et par conséquent, sont devenues aliénables (1).

On objecte qu'on ne peut, sans texte impératif, accorder les privilèges exorbitants de la domanialité, et l'objection n'est qu'une redite ou une inutilité, car on fait voir en même temps (2) et nous allons indiquer que ces privilèges ne sont exorbitants qu'en apparence ; qu'en fait, ils se réduisent à peu près à rien. L'imprescriptibilité est sans

(1) Hauriou, op. cit. p. 554.
(2) Chareyre, thèse pour le doctorat, p. 190

grandes conséquences et ne peut vraiment gêner personne. En outre, les particuliers sont irrecevables à former une action possessoire relativement à des biens de cette nature — et ceci est dans l'ordre.

Concluons. Les cimetières sont du domaine public communal, ainsi d'ailleurs que les murs même de clôture, qui doivent toujours entourer le lieu de sépulture et qui, à ce titre, en forment une partie nécessaire.

Le Décret du 23 Prairial an XII, Code de la matière, portait en son article 15 : « Dans les « communes où l'on professe plusieurs cultes, « chaque culte doit avoir un lieu d'inhumation « particulier ; et, dans le cas où il n'y aurait qu'un « seul cimetière, on le partagera par des murs, « haies ou fossés, en autant de parties qu'il y a de « cultes différents, avec une entrée particulière « pour chacun, et en proportionnant cet espace au « nombre d'habitants de chaque culte. » C'était, on le voit, le rétablissement des cimetières confessionnels, que le Décret du 12 Primaire an XII avait supprimé.

Il a donc fallu les supprimer à nouveau par la loi du 14 novembre 1881, qui, par cette simple formule. « L'article 15 du Décret de l'an XII est abrogé », neutralise, communalise les cimetières et au régime ancien, en vertu duquel on a pu dire que le cimetière est une suite de l'église, en substitue un, en vertu duquel il est plus encore une propriété intégrale de la commune (1) et un simple lieu public.

Un auteur (2) avisé cependant s'alarme de cette innovation. Il ajoute que des dangers, provenant de la diminution de concessions de terrains, peuvent en naître pour les finances municipales, si les familles, inquiètes dans leur foi et troublées dans leurs convictions exercent le droit, qui leur est reconnu par l'art. 14 du Décret de l'an XII. « Toute « personne pourra être enterrée sur sa propriété, « pourvu que la dite propriété soit à la distance « prescrite — 35 ou 40 mètres — de l'enceinte des « villes et des bourgs. »

Ces plaintes sont exagérées, encore qu'une région, l'ouest de la France, où, comme on sait, les croyances religieuses demeurent intenses jusqu'à l'exaltation, ait vu se multiplier les sépultures privées. L'expérience dira si cette loi a été bonne (3). Elle a paru nécessaire, parce que le clergé catholique s'était approprié presque partout

(1) Lois annotées, S. 1884, p. 588.
(2) Gaubert: Traité des pompes funèbres.
(3) Chavegrin, cours 1892-1893.

les cimetières au moyen d'une bénédiction totale
et s'était permis de n'attribuer aux cadavres des
personnes étrangères à ce culte que des empla-
cements peu convenables, parfois même infa-
mants, situation de fait mentionnée par la jurisprudence (1). M. Xavier Blanc, rapporteur de la loi
déclarait qu'elle était « née de circonstances aux-
« quelles l'esprit de parti fut absolument étranger,
« réclamée par le progrès des mœurs, dégagée de
« tout caractère religieux et plus encore de tout
« esprit d'hostilité, envers le culte catbolique. »

CHAPITRE II

Les concessions auxquelles nous avons fait allusion sont réglementées par le Décret de Prairial
an X, art. 12 : « Lorsque l'étendue des lieux con-
« sacrés aux inhumations le permettra, il pourra
« être fait dans les cimetières des concessions de
« terrains aux personnes qui désireront y posséder
« une place distincte et séparée, pour y fonder leur
« sépulture et celle de leurs parents ou successeurs

(1) Voyez, p. ex. Arrêt du Conseil d'Etat, du 24 février 1870.

« et y construire des caveaux, monuments ou tom-
« beaux. Le produit en est versé daas les recettes
« ordinaires des communes » (Loi du 5 avril 1884.
Art. 133, 9° in fine.)

Elles se divisent en trois classes : perpétuelles,
trentenaires, temporaires. Ces dernières sont faites
pour quinze ans au plus et ne peuvent être renou-
velées. Il convient d'ailleurs de noter que le délai
minimum de cinq années est imposé par le Décret
de Prairial an XII, pour l'ouverture de nouvelles
fosses, en dehors même de toute concession.

C'est le Conseil Municipal qui décide si des
concessions seront autorisées dans le cimetière de
la commune, et il en fixe le tarif avec l'approbation du préfet. Un tiers du montant du prix est
versé au bureau de bienfaisance, ou, à défaut, dis-
tribué aux pauvres. Les statistiques nous révèlent
que le tarif est généralement assez élevé, ce qui est
légitime, et progressif, ce qui, ici comme ailleurs,
est le vrai moyen de réaliser la justice et la propor-
tionnalité. La superficie minimum est deux mètres
carrés, qui, à Paris, coûtent 300 francs pour une
concession trentenaire, 350 francs pour une concession perpétuelle. Mais, pour les 2 mètres
suivants, le mètre doit être payé 1000 francs.
Au-delà de 4 mètres jusqu'à 6 mètres, le prix du
mètre est de 2000 francs. Cette augmentation pro-

gressive a pour but de fournir des ressources au budget municipal et, comme le dit philosophiquement un auteur contemporain, de restreindre les concessions luxueuses, que la vanité des vivants et non l'intérêt des morts. chercherait à étendre démesurément.

Soit un cimetière appartenant exceptionnellement à une fabrique : comme la faculté de concession est attachée exclusivement à la commune, la fabrique pourra simplement revendiquer la partie du prix, représentative du montant de location des terrains, c'est-à-dire les deux tiers ; l'excédent est considéré comme une donation réservée aux établissements de bienfaisancé.

Est-ce à dire que s'il n'y a pas de tarif il n'y a pas de concession possible? Dans ce cas, le Conseil Municipal l'accorde par délibération spéciale, soumise à l'approbation préfectorale par application des dispositions combinées des articles 68, 70 et 133, 14° de la loi du 5 avril 1884 (1).

Quelle est l'étendue exacte du droit du concessionnaire? Il faut répondre que si les concessions peuvent être déplacées au cas de translation totale ou partielle du cimetière, elles ne peuvent l'être au cas de simple agrandissement ou aménagement

(1) Décision du Ministre de l'Intérieur du 19 mai 1892.

ni lors du renouvellement d'une concession dont le terme expire (1).

S'il est un point certain, c'est que cette matière appartient à la compétence judiciaire (2), qu'il s'agisse soit d'interpréter les clauses litigieuses du réglement municipal, soit de statuer sur une application (3), soit de juger une demande en dommages-intérèts formée contre une commune par le concessionnaire d'un terrain dans le cimetière communal à raison de l'abatage, ordonné par la municipalité, d'arbres plantés sur ledit terrain concédé à perpétuité (4).

Cet ensemble de traits ne nous autorise-t-il pas à voir dans le droit du concessionnaire un véritable droit de propriété? La conclusion n'est pas forcée, la question demeure débattue, le silence des textes permet de disserter librement et utilement : si nous démontrons que le concessionnaire reçoit un simple droit personnel, il nous faudra lui refuser les actions, qu'il n'implique pas, telle que celle qu'il intenterait directement contre l'auteur d'un trouble, d'un empiètement, lui dénier le droit de

(1) Voyez Conseil d'Etat, 27 Mai 1892. Recueil des Arrêts, p. 483.
(2) Conseil d'Etat: 19 Mars 1863. Ville de Bordeaux.
(3) Conseil d'Etat: 7 Mai 1892. Recueil p. 483
(4) Conseil d'Etat: 10 Janvier 1890. Recueil p. 1

disposer de sa concession par actes à cause de mort ou entre-vifs.

M. Ducrocq (1) montre qu'en délivrant une concession, la municipalité agit à titre de représentant de la personnalité civile de la commune propriétaire, procède à l'aliénation partielle d'un immeuble communal et confère, par suite, un droit de propriété sui generis au concessionnaire, qui pourra non seulement obtenir l'inhumation de qui bon lui semble, mais faire construire des caveaux, des tombeaux, des monuments quelconques. Il invoque des décisions (2), qui attribuent le litige à la compétence des tribunaux judiciaires et en infère hâtivement qu'il s'agit bien d'une question de propriété, d'un contrat de droit privé. — Si on lui objecte que c'est un droit bien instable, puisqu'il est loisible à l'Administration de l'anéantir en ordonnant la translation du Cimetière, M. Ducrocq répond que cette éventualité de translation, c'est la condition même de la propriété du concessionnaire. — Si on lui signale combien ce droit est précaire, puisque l'acte de concession peut en interdire la transmission par donation entre-vifs, il

(1) Cours de Droit Administratif, n· 1419. Dans ce sens, arrêt du Tribunal Supérieur de Leipsig : 18 septembre 1883.

(2) Voyez : décision au Bulletin du Ministère de l'Intérieur, 1861, n° 52, arrêt du Conseil d'État, du 19 mars 1863, déjà cité.

répond que la convention est la loi des parties. —
Et M. Ducrocq ajoute : « Le droit le plus complet
« possible de la famille sur les tombeaux est une
« meilleure protection pour eux et pour le respect
« des morts, qu'une domanialité publique, antipa-
« thique à toute idée de propriété privée, et par
« conséquent exclusive de la mainmise de la
« famille, sagement voulue ou permise par le Décret
« de l'an XII, c'est-à-dire par la loi spéciale aux
« lieux de sépulture ».

Nous nous permettrons de montrer qne ces affir-
mations manquent à la fois de fondement et d'u-
tilité.

L'esprit inventif des auteurs ne s'arrête point là.
Il en est qui y ont vu un bail à durée limitée ou
illimitée, sans remarquer que la commune a un droit
essentiel, qui fait défaut au bailleur, celui de re-
prendre le terrain, si elle opère la translation du
cimetière, et cet autre avantage : d'être payée au
début. — D'autres pénétrés de l'excellence de ces
critiques proclament qu'il n'y a ni droit réel ni
droit de bail, ce qui est une opinion négative, non
pas une solution. — Selon une autre théorie, la
plus accréditée, semble-t-il, les concessions con-
fèrent un droit de jouissance et d'usage avec affectation spéciale et nominative. Deux circulaires du

Ministre de l'Intérieur (1) et maints arrêts (2) l'ont ainsi défini, et on a pu justement en déduire que le terrain concédé ne peut faire l'objet d'une vente ni d'une donation entre-vifs ni être compté, puisqu'il ne représente pas une valeur vénale, dans la formation de la masse de l'hérédité du concessionnaire relativement au calcul de la quotité disponible.

Limitons le débat : les concessions, temporaires et trentenaires sont certainement de véritables concesions sur le domaine public; l'acte est un acte de puissance publique et il ne peut être interprété que par la juridiction administrative; les concessionnaires ne peuvent avoir au plus que des actions possessoires. En est-il de même pour la concession perpétuelle ? Oui. Le concessionnaire reçoit un droit personnel, mais très-énergique, une simple possession, mais accompagnée d'une convention accessoire par laquelle la commune s'engage à fournir à perpétuité un terrain d'égale superficie.

Qu'on ne nous réponde pas que cette solution est contradictoire avec cette règle que l'action en indemnité intentée contre la commune, à raison de la

(1) 20 juillet 1841 et 14 décembre 1843.
(2) Lyon : 13 novembre 1890.

violation de l'acte ou plutôt de la convention accessoire, relève de la compétence judiciaire. En effet,
nous distinguons de la concession, acte administratif, la convention accessoire qui, étant séparable,
doit être séparée, car la juridiction administrative
est exceptionnelle. Souvent sans doute les contrats,
qui accompagnent les concessions, sont considérés
comme faisant corps avec elles; mais il n'en est
ainsi qu'en matière de travaux publics, ce qui précisément n'est pas le cas ici en vertu même des
décisions (1) invoquées par nos contradicteurs.

Nous ne nous bornerons pas à des raisons négatives.

1°. Les apparences sont dans notre sens : l'acte
de concession n'a pas l'aspect d'un contrat constitutif de droit réels, puisque c'est un arrêté municipal, rendu en la forme ordinaire sous la seule
signature du maire.

2°. Dans notre sens aussi, la doctrine de l'Administration, dont nous avons cité des circulaires significatives, explicites.

3°. Singulière propriété que celle, qui ne serait
ni vraiment perpétuelle, puisqu'au cas de translation du cimetère la commune peut opérer le transfert de la concession dans le nouveau cimetière, ni

(1) Conseil d'État : 10 janvier 1890. Sirey, 92. 3. 41. Note de
H. Mauriou.

complète, puisque le titulaire de la concession ne peut ni l'hypothéquer, ni la consacrer à un autre usage que la sépulture.

4°. Ce n'est pas la propriété ordinaire, d'accord. Ne serait-ce pas du moins une propriété sui generis, ou un droit réel?

Un point certain, c'est que le droit, qui résulte de la concession perpétuelle, ne diffère pas, par sa nature, de celui qui résulte des concessions de moindre durée. « On peut dire que le droit des concessionnaires n'est que le droit des non-concessionnaires prolongé ou perpétué, » telle est la formule d'un auteur (1), et elle n'est défectueuse qu'en apparence.

Dès lors, se pose un dilemme inflexible : ou dans toutes les concessions il y a un droit réel : ou dans aucune — et ceci est notre opinion, car la concession gratuite de cinq ans, qui devient le type, n'est manifestement qu'une mesure de police, qu'une précaution de décence et de salubrité publiques.

Une telle doctrine, dira-t-on, méconnaît et compromet les droits des intéressés. C'est inexact. La perpétuité de la concession est assurée, puisque la commune, être moral, ne meurt pas. Contre celle-ci tout ayant-droit a une action sinon en garantie, du

(2) Chareyre, thèse pour le doctorat p. 235.

moins en indemnité. Ainsi sont sauvegardés ses intérêts.

Une telle doctrine, dirons-nous, sauvegarde l'intérêt public. Les exemples cités par M. Hauriou, dans sa dissertation hardie, lucide et déterminante, nous dispensent d'y insister.

CHAPITRE III

I. — La police des cimetières, autrefois réglée par le Décret de Prairial an XII l'est aujourd'hui par la loi de 1884, 97, 4° : « La police municipale « comprend le mode de transport des personnes « décédées, les inhumations et exhumations, le « maintien du bon ordre et de la décence dans les « cimetières, sans qu'il soit permis d'établir des « distinctions ou des prescriptions particulières à « raison des croyances ou du culte du défunt, ou « des circonstances, qui ont accompagné sa mort. » Cette police est confiée non au Conseil Municipal (1), mais au maire, qui autorise les inhumations (2), les exhumations, fixe les heures des con-

(1) Conseil d'État, 15 juillet 1887. Recueil des Arrêts p. 572.
(2) Voir une dissertation de M. Ducrocq. D. 84. 2. 186

vois, en trace l'itinéaire, ne saurait s'opposer à l'établissement de croix sur les tombes, mais a un droit de contrôle sur les inscriptions. L'art 93 de la même loi n'est pas inutile, qui, à raison de l'urgence, charge le sous-préfet, à défaut du maire, de veiller à l'exécution de mesures d'inhumation, auxquelles sont intéressés l'ordre public, la décence publique, la salubrité.

Quelle est l'étendue des pouvoirs du maire? Ils permettent même de prescrire l'ouverture ou la fermetures dans un cimetière, d'un chemin ou autres voies de communication — mesures qui ne sont pas considérées, comme des actes de gestion de la fortune communale. (1), De même, les travaux exécutés à l'intérieur d'un cimetière en vue de l'aménagement de celui-ci et spécialement de l'entretien des allées ne constituent pas une opération de travaux publics, mais une simple mesure de police (2). Nous jugeons la distinction logique et fondée; mais à quelles difficultés pratiques elle donnerait lieu par l'absence de tout critérium certain, on s'en apercevrait, si, en fait, on ne les évitait pas en considérant comme *travaux publics* les opérations enga-

(1) Cass. 24 août 1864. — Décision du Ministre de l'Intérieur. Bulletin officiel, 1861, page 100.
(2) Conseil d'État, 10 janvier 1890, déjà cité.

gées par l'organe délibérant et comme *mesures de police*, celles décidées par le pouvoir exécutif.

La sanction, nous la trouvons dans l'art. 471, 15°, du Code Pénal, qui réprouve toute violation des règlements administratifs légalement faits, qui a même été plusieurs fois appliqué, en l'absence de règlements, au sujet de faits attentatoires au respect dû à la mémoire des morts. Extension abusive, selon nous, superflue et qui permet à l'arbitraire de se donner carrière.

II. — Les recettes ordinaires de la commune comprennent « le produit des terrains communaux « affectés aux inhumations et la part revenant aux « communes dans le prix des concessions dans « les cimetières ». Loi de 1884, art. 133, 9°.

Des concessions nous ne dirons rien, si ce n'est que la loi nouvelle apporte une précision en limitant la part communale expressément, à la différence de la loi de 1837, qui la sous-entendait.

Hormis cela, les produits spontanés, c'est-à-dire les fruits, herbes, émondes des arbres, qui croissent sans culture et, conditionnellement, les matériaux provenant des tombes abandonnées à l'expiration des concessions à temps limité appartiennent désormais aux communes, et non plus aux fabriques.

Dans les recettes, au titre de recettes diverses de l'art. 133, 14°, il faut comprendre les droits perçus tant pour le dépôt des corps que pour l'incinération.

Que si le cimetière appartenait par exception à la fabrique, la commune n'en percevrait pas moins les produits et le prix des concessions, parce que cette perception relève non d'une idée de spéculation, mais d'une idée de police. Or, les communes ont seules et peuvent seules avoir la police de tous les cimetières.

Il entre dans les droits du Conseil Municipal d'affermer la jouissance du cimetière et dans ceux du maire de réglementer le mode de jouissance.

III. — Aux termes de l'art. 136, 13°, sont obligatoires pour les communes les dépenses concernant les cimetières, c'est-à-dire celles qui résultent de leur clôture, de leur entretien et leur translation dans les cas déterminés par les lois et réglements d'administration publique.

C'est la reproduction de la loi de 1837, art. 30, 7°, avec cette différence que sous l'empire de cette législation la fabrique, recueillant les produits spontanés, devait supporter principalement ces charges (1). Elle ne recueille plus ces produits.

(1) Arrêt du Conseil d'État du 21 août 1839.

Donc, dit-on et semble-t-il, elle ne doit plus pourvoir à l'entretien des cimetières, la commune seule doit en être tenue. (Dans ce sens, circulaire du 15 mai 1884 et des auteurs accrédités). (1)

Différente est la solution admise par la Cour de Cassation au sujet des fabriques d'Amiens (2). Le système n'aurait pas été modifié par la loi municipale, les communes ne seraient chargées de l'entretien des cimetières que subsidiairement, après les fabriques. Quelque émoi qu'ait soulevé cette solution, nous n'hésitons pas à l'adopter. En effet, pour bouleverser l'idée admise tout le long du siècle, il faudrait une innovation expresse, un article de la loi. Or que trouvons-nous ? Un texte de loi de 1884, qui est exactement le même que celui de de 1837 et qui n'abroge en aucune façon le texte formel de 1809. Dans notre sens, on ajoute — et nous trouvons à la vérité l'argument superflu et un peu inconsistant — que la contre-partie de la charge d'entretien des cimetières n'est pas, pour les fabriques, dans les produits spontanés qu'elles n'ont plus sans doute, et qui sont insignifiants, mais bien dans le monopole des Pompes Funèbres qu'elles ont toujours et qui constitue certes un avantage effectif.

(1) Morugand, Hauriog, op. cit.
(2) Voyez Amiens : 29 avril 1885. D. 86. 2. 212. Cassation, 30 mai 1888. D. 88. 1. 257.

Tenons-nous en à cette opinion, la seule conforme aux termes de la loi. Mais, s'il nous est permis de juger la loi même, nous déclarons cette législation mauvaise et inconséquente. On a neutralisé les cimetières, on en a attribué les produits aux communes et les charges aux fabriques. Qui ne sent l'incohérence contradictoire du système ?

Nous signalons à titre de curiosité la doctrine, d'après laquelle l'entretien des cimetières serait à la charge exclusive des fabriques, qui ne peuvent plus recourir à la commune au cas d'insuffisance de revenus. Cette interprétation est celle d'un auteur (1), cependant ardent à la défense des intérêts religieux. Il a beau jeu à critiquer cet état de choses, dont le moindre défaut est d'être imaginaire. Ce procédé de polémique n'est pas nouveau.

Sont également à la charge des communes les frais de *clôture* des cimetières auxquels ne pourrait être affecté par une fabrique le produit d'un legs (2). — Quant à *l'agrandissement*, il ne peut avoir lieu que lorsque le cimetière et le terrain qui doit y être réuni sont situés à plus de 35 mètres des habitations agglomérées. — La procédure n'est pas différente de celle de la *translation*, qui est prononcée, en vertu des décrets de déconcentra-

(1) Voyez Gaubert: Traité de Pompes funèbres.
(2) Conseil d'Etat, avis, 13 mars 1889.

tion, par arrêté du préfet, sur demande du Conseil Municipal après avis du conseil de fabrique ou d'office. Dans ce dernier cas, le préfet est encore tenu de consulter le Conseil Municipal, non de suivre son avis (1).

Le texte de la loi de 1884, que nous avons cité, met ces diverses dépenses au compte de la commune « dans les cas déterminés par les lois et règlements d'administration publique ». C'est dénaturer le sens des mots que de les traduire ainsi : « à la condition d'insuffisance justifiée des revenus de la fabrique », car ils comportent un simple renvoi aux textes épars sur la matière.

Des cimetières nous aurons donné une définition juridique en disant que ce sont des terrains, dont la propriété, la police, les produits naturels ou civils, les charges d'entretien appartiennent aux communes et dont la destination est, en termes précis, déterminée par l' « affectation », qui est leur caractéristique.

(1) Conseil d'État : 11 décembre 1891. Recueil des arrêts. Page 751.

SIXIÈME PARTIE

LES POMPES FUNÈBRES

CHAPITRE PREMIER

« Les fabriques des églises jouiront seules du
« droit de fournir les voitures, tentures, ornements
« et de faire généralement toutes les fournitures
« quelconques nécessaires pour les enterrements
« et pour la décence et la pompe des funérailles.
« Elles pourront faire exercer ou affermer ce droit,
« d'après l'approbation des autorités civiles, sous
« la surveillance desquelles elles sont placées »
Décret du 23 prairial an XII, art. 22.

Ce texte, ainsi que l'art. 7 du Décret organique
du 18 mai 1806, établit le monopole des Pompes
Funèbres au profit des fabriques.

Quel est son fondement ? Sa raison d'être? Un auteur multiplie les justifications :

1° la tradition historique.

2° le caractère de réparation sociale, qui est propre au monopole, l'Eglise ayant été dépossédée par la Révolution.

3° la pensée libérale qui a présidé à son institution. On y a vu un impôt somptuaire ne pesant que sur les familles opulentes.

4° la sécurité qu'il présente pour l'accomplissement des pieux devoirs de sépulture.

5° la considération de convenances sociales.

Malgré ces justifications, le monopole se justifie, parce qu'il est bon d'arracher ce service aux abus du commerce, et parce qu'il se relie étroitement aux intérêts ecclésiastiques. On peut ajouter, avec M. Chavegrin (1) : que les fabriques ont besoin de vivre ; qu'elles sont en fait très-correctes ; que leurs tarifs produisent ce résultat socialement excellent que les riches paient pour les pauvres.

Quelle est l'étendue du monopole? Il porte sur l'ensemble des fournitures, tel est le principe. S'étend-il aux billets d'enterrements? En faveur de la négative (2), on allègue que l'art. 22 du Décret de l'an XII ne vise plus que les fournitures

(1) Cours 1892-1893.
(2) Le Havre, 24 décembre 1886. D. 87. 2. 247.

« nécessaires ». L'affirmative (1) invoque les termes explicites de l'art. 25. Il ne porte ni sur les lettres de faire-part, ni sur les couronnes, ni sur les voitures destinées à ramener à domicile les assistants. Le monopole s'applique d'ailleurs même aux exhumations, réinhumations, transferts de corps, services commémoratifs (2). Il entraîne comme charge l'obligation pour les fabriques de pourvoir aux funérailles des indigents, sur production du certificat du maire (art. 13 de la loi du 5 avril 1884)

Si les fabriques s'abstiennent de l'exercer, les communes doivent y suppléer quant au service extérieur, sans que le monopole puisse en aucune circonstance appartenir au domaine public. (3)

Entre les divers modes d'exploitation possibles les fabriques ont le choix. Une règle qui leur est commune, c'est que ce choix est soumis à approbation non pour que l'autorité puisse les contrarier, mais pour qu'elle soit en état de contrôler les clauses et conditions. Que si plusieurs fabriques d'une même ville recourent à l'entreprise, elles doivent traiter avec le même entrepreneur (4).

(1) 10 décembre 1866 : Cambrai. — 27 décembre 67 : Cour d'Appel de Toulouse. — 6 juillet 93 : Cambrai.
(2) Cassation : 29 novembre 1859.
(3) Cassation, Ch. Criminelle : 24 mars 1881.
(4) Décret de l'an XII, article 14.

La *régie simple* c'est-à-dire l'exploitation directe présente ici comme ailleurs les mêmes avantages : elle évite, elle écarte le tiers spéculateur, l'industriel avide, qui recourt à tous moyens pour augmenter le rendement. Et voilà pourquoi M. Gaubert conseille ce mode et pourquoi la Ville de Paris l'a adopté.

La *régie intéressée* offre à la fois les lacunes et les commodités des formes hybrides. Elle consiste exactement à faire faire les avances du matériel par un entrepreneur qui exécute le service avec un profit limité et sous la surveillance d'un conseil d'administration.

L'*entreprise* a le mérite de soustraire les fabriques aux difficultés et aux préoccupations qu'entraîne l'organisation d'un service public. Elles peuvent procéder par adjudication ou de gré à gré. Elles doivent faire approuver le traité par arrêté préfectoral, et, si la ville a plus de 3 millions de revenus, par décret. Si elles s'en abstiennent il y a une irrégularité de forme, qui d'ailleurs peut être couverte. Dans l'entreprise, et c'est un de ses défauts, nous sommes en présence du tiers spéculateur, dont il faudra surveiller les actes. De plus, ajoute-t-on, ce caractère commercial convient-il à un tel service ? Enfin, — autre critique formulée — en se déchargeant sur un industriel des préoccupations qu'entraînent les Pompes Funèbres, les fabriques sont présumées se délivrer un brevet d'inaptitude.

Quoi qu'il en soit, si les fabriques en ont la gestion, elles ne sont pas considérées comme des commerçantes, à la différence d'un entrepreneur (1). C'est une différence entre les modes d'exploitation. C'est la plus frappante. — On a bien essayé d'établir qu'un traité relatif à la *régie* des pompes funèbres relève des tribunaux judiciaires et qu'il n'en est pas ainsi d'un traité avec un *entrepreneur*. En fait la règle est la même. C'est encore une question discutée que celle de savoir si l'assiette de l'impôt n'est pas modifiée. Il a été jugé (2) que les « voitures du syndicat des fabri- « ques et consistoires, qui est chargé d'un service « publics, dont les bénéfices sont affectés au bud- « get spécial d'un autre service public ne sont pas « soumises a l'impôt. Il en est autrement d'un ad- « judicataire qui agit dans un intérêt particulier. » Mais cette distinction n'a pas été admise par la Cour de Cassation (3), qui se prononce dans le sens d'une exemption générale.

Ces explications données, nous pouvons dire que le monopole est incessible, que les fabriques

(1) 3 mai 1881. D. 81. 2. 193.
(2) Tribunal correctionnel de la Seine : 16 mai 1891.
(3) Cassation : 30 janvier 1892.

peuvent en affermer l'exploitation, mais non en aliéner le fonds.

Le monopole est intégral même depuis la loi de 1887 qui a permis les enterrements civils et, d'une façon plus générale, la liberté de funérailles. Qu'arrivera-t-il si l'Église refuse à un défunt la cérémonie religieuse? Elle n'en garde pas moins le droit de lui imposer son matériel. Dès lors celui qui fait fabriquer un corbillard et l'emploie aux enterrements cause un préjudice à la fabrique et lui doit, à ce titre, des dommages-intérêts (1).

Le monopole existe même s'il n'y a pas de tarif régulier, même si, dans le tarif légal, il y a omission de certains objets. Est-ce-à dire que les tarifs soient superflus? « Leur élaboration, quoique non indispensable est le complément naturel de toute » bonne administration. Pour les familles, le tarif « est un régulateur et un guide, en même qu'un « frein contre les abus d'une spéculation sans pu- « deur. Pour les fabriques, le tarif est le moyen le « plus efficace de prévenir les contestations et « d'opérer les recouvrements sans difficultés . » (2)

Les fabriques, chargées du service intérieur, c'est-à-dire des draperies, ornements, sonneries de cloches ainsi que des tentures placées et de

(1) Corbeil : 22 avril 1891. Pandectes 1892, II Page 56.
(2) Gaubert, op. cit., Page 117.

l'exposition du corps faite à la maison mortuaire (1), en élaborent le tarif, qu'elles soumettent à l'évêque, qui l'adresse au maire, pour avoir l'avis du Conseil Municipal. Celui-ci donne donc son avis et élabore le tarif du service extérieur, qui est dans sa mission et qui comprend tout ce qui a trait au transport et à l'inhumation. A cet effet s'est introduite la pratique des commissions mixtes, composées d'un nombre égal de conseillers municipaux et de fabriciens. Il y a une taxe fixe, qui a été créée par la Convention et qui en fait est proportionnelle, et le service extraordinaire, organisé par le Décret de Prairial et divisé en classes. Ces classes établies par la fabrique, la commune les doit adopter en vertu du Décret du 18 août 1811 et de l'Instruction du Ministère des Cultes du 8 février 1866. — Le Conseil Municipal, après s'être prononcé sur les deux tarifs, les adresse au Préfet, qui provoque l'avis de la fabrique sur le tarif du service extérieur, avant qu'intervienne l'approbation.

Qui donne cette approbation ? Dans une première période, c'était le chef de l'Etat, sur la proposition du Ministre des Cultes pour le service intérieur, du Ministre de l'Intérieur pour le service extérieur (Décret du 18 mai 1806, art. 7 et 11). — Le

(1) Ce dernier point est contesté.

Décret de déconcentration du 25 mars 1852 en charge le préfet. — Dans une troisième période, qui dure encore, l'approbation se produit par arrêté préfectoral et, dans les villes ayant plus de 3 millions de revenus, par décret (Loi du 24 juillet 1867, art. 16, confirmée par la Circulaire du Ministre de l'Intérieur du 15 mai 1884 et par la loi municipale, art. 115 in fine, maintenu après controverse).

Puisqu'il faut le concours de la fabrique et de la commune, la fabrique ne peut traiter seule, car la municipalité pourrait refuser de tenir compte de traités ainsi faits. Il est vrai d'ailleurs qu'elle peut les couvrir et se lier ainsi (1).

L'exercice du monopole peut donner lieu à des contestations. Quelles sont les règles spéciales du contentieux? Et d'abord, il n'est pas douteux que les fabriques puissent faire des actes conservatoires, tels qu'une apposition de scellés, une saisie-exécution, une instance en référé, un appel de jugement, une interruption de prescription dont la durée est de six mois (2) comme celle des ouvriers.

Pour faire les actes introductifs d'instance, les pourvois où elle est demanderesse, les transac-

(1) Conseil d'État : 6 juin 1872. D. 1873. 3; 54.
(2) Gaudry et Gaubert pensent au contraire que la durée est de 30 ans.

tions, acquiescements ou désistements, la fabrique doit obtenir du conseil de préfecture une autorisation préalable, qui n'est attaquable que pour excès de pouvoir ou violation des formes, mais qui est révocable. Il lui faut l'avis du Conseil Municipal (art. 70 de la loi de 1884) à peine de nullité et sans qu'il soit possible aux fabriciens d'y suppléer en prenant l'engagement de supporter personnellement les frais du procès (1). Elle est représentée par son trésorier (Décret de 1809, art. 79) et dispensée du préliminaire de conciliation (Code de Procédure, art. 48). On sait d'ailleurs que les voies d'exécution ne sont pas ouvertes contre elle : ses revenus sont insaissables.

Nous avons dit que dans les grandes villes les fabriques se réunissent pour l'exploitation directe de leur monopole ou pour la passation d'un traité avec un entrepreneur : même alors leur sont reconnus la personnalité civile et le droit de plaider par un seul représentant, avec la même autorisation (2).

Dans tous les cas où il y a procès, quelle est la juridiction compétente? Il y a lieu de faire une fois de plus les distinctions et d'appliquer les règles de droit commun.

Nous avons dit qu'un entrepreneur, qui a traité

(1) En sens contraire, Gaubert, page 157.
(2) Cassation 29 juillet 1873 : Marseille.

en vue de l'exploitation du monopole, est commer-
çant : donc une contestation, qu'il aurait avec des
fournisseurs à l'occasion d'achats de marchandises,
relève du tribunal de commerce. — Si au contraire
il était coupable d'inéxécution de l'une des clauses
du contrat de bail, la fabrique devrait l'actionner
devant le conseil de préfecture, et, en appel, devant
le Conseil d'Etat.

Que s'il se présente un litige entre la famille
d'une part — et, d'autre part, la régie des Pompes
Funèbres ou les fabriques relativement à une revendication de propriété ou au recouvrement de revenus, la solution en appartient aux juges ordinaires,
qui d'ailleurs, en vertu du droit commun, con-
naissent de la légalité des taxes à percevoir (1).

Moins simple est l'hypothèse d'un conflit entre
une ville et, d'un autre côté, l'entrepreneur ou
l'administrateur trésorier des Pompes Funèbres,
au sujet, par exemple, d'une organisation du service de nuit des inhumations. Une opinion (2) en
soumet la solution au conseil de préfecture en
disant : « Inviter, comme l'a fait le maire de Marseille, l'Administration des Pompes Funèbres à
organiser un service de nuit pour les inhumations,

(1) Voyez Conseil d'État : 23 avril 1875.
(2) Tribunal de Marseille. Conseil d'État : 30 mars 1884,
dans le Recueil, des Arrêts p. 185 et Avis du Ministre des Cultes.

« c'est simplement lui demander l'exécution de son
« traité. Si l'on doit décider qu'une indemnité spé-
« ciale est dûe pour ce service, on ne peut le faire
« qu'en interprétant le traité lui-même». Cette thèse
nous paraît inattaquable, encore que la Cour d'Aix
aît jugé, en sens contraire, dans un arrêt fortement
motivé (1), fondé sur cette idée que l'Administration
des Inhumations, accomplissant un service imposé
aux fabriques et consistoires, dont elle est la repré-
sentation, exerce un monopole sous le régime d'un
tarif, ce qui exclut l'idée et même la possibilité de
l'existence d'un contrat ou marché. Par suite, suivant l'arrêt, lorsque des difficultés s'élèvent à l'occasion de ce service entre une Ville et l'Administration des Inhumations, les tribunaux ordinaires
sont compétents pour en connaître, l'art. 4 de la loi
du 28 Pluviôse an VIII étant sans application dans
la cause.

Quand à raison de l'abstention de la fabrique
le service est entre les mains de la commune, le
tribunal de police connaît des contraventions au
monopole dont l'exercice a été réglementé par un
arrêté municipal (2). Nous l'avons dit, la commune
est chargée subsidiairement d'assurer le *service
extérieur* des Pompes Funèbres. Les traités qu'elle

(1) 27 avril 1887, dans le journal *la Loi* du 15 mai.
(2) Cassation, Chambre criminelle : 24 mars 1881.

passe sont approuvés tantôt par arrêté préfectoral, tantôt par décret, suivant la distinction déjà faite. Les mesures à prendre ne sauraient excéder le pouvoir réglementaire que l'autorité municipale tient de la loi, ni, en aucun cas, être incompatibles avec la liberté du travail et de l'industrie. C'est donc à tort qu'un arrêté municipal constituerait en faveur d'un individu le privilège de transporter le corps des décédés (1).

Les droits du maire sont strictement limités : ainsi, si après l'élaboration de tarifs, la concession des Pompes Funèbres a été consentie par la fabrique à un entrepreneur, le Maire, qui a le droit de régler le transport des morts n'a pas celui d'édicter un règlement imposant à cet entrepreneur des obligations, qui ne résultent pas de son traité, ni de porter atteinte aux droits conférés à l'entrepreneur par le contrat. (2) Il faut dire également que l'arrêté du maire, qui fixe le tarif des fournitures des Pompes Funèbres, n'est pas un arrêté légalement pris, entraînant l'application de l'article 471, 15° du Code Pénal, et les contestations, qui s'élèvent sur les prix sont de la compétence des tribunaux civils (3).

(1) Cassation : 24 mai 1893.
(2) Conseil d'État : 24 mars 1893. Recueil, même année. p. 258.
(3) 28 mai 1892.

Le droit de police du maire lui est explicitement attribué par la loi de 1884, article 97, 4º, qui le charge de régler le mode transport des corps, c'est-à-dire le point de savoir s'il se fera à bras ou par voitures, et, dans ce dernier cas, si ces voitures seront ou non traînées par des chevaux. Si la loi de Germinal an X, article 45, autorise implicitement les cérémonies extérieures du culte pour les inhumations, cette disposition ne fait pas obstacle aux mesures que les maires croient devoir prendre pour assurer le maintien du bon ordre et la circulation sur la voie publique durant la marche du convoi funèbre. (1)

CHAPITRE II

Le régime des Pompes Funèbres, tel que nous l'avons sommairement exposé, a pour lui d'être pratiqué depuis près d'un siècle, ce qui est encore la vraie, peut-être la seule force, et contre lui de donner prise aux plus justes critiques.

Il est aisé d'y découvrir des inconséquences, comme celle qui oblige les familles à recourir aux

(1) Décret en Conseil d'État, du 28 juillet 1895.

fabriques pour se procurer le matériel nécesaire à un enterrement civil. On pent répudier les cérémonies religieuses mais non le matériel, non l'exploitation religieuse. En sens inverse nous trouvons d'ailleurs les mêmes contradictions : la réunion des deux services entre les mains des établissements ecclésiastiques a amené des scandales contraires au vœu de la loi ; ainsi, pour des enterrements civils les fabriques ont refusé ou se sont déclarées dans l'impossibilité de fournir des ornements. Donc, qu'on veuille recourir à elles ou s'y soustraire, mêmes abus et mêmes lacunes. « Il y a, « déclarait un parlementaire autorisé (1) à la tribune « de la Chambre, bien des luttes entre l'Adminis- « tration des Pompes Funèbres d'une part, et les « sociétés de secours mutuels ou les particuliers, « d'autre part. Les membres de corporations qui « veulent porter leurs morts à bras, ce qui est considéré par eux comme un honneur, ne le peuvent « pas, non plus que les soldats qui voudraient « porter leurs camarades aux cimetières, non plus « que les hôpitaux, qui n'ont pas le droit de con- « duire les morts à leur dernière demeure. Les « Pompes Funèbres, en effet, interviennent et « disent : « C'est un droit qui nous appartient ».

(1) M. Giraud, discours du 27 octobre 1883.

On ne se plaindra jamais trop de l'extrême cherté
des tarifs. Il arrive que les adjudicataires re-
mettent jusqu'à 50, 60, 75 0/0 sur les sommes
brutes, qu'ils reçoivent. Cette statistique se passe
de commentaires.

On pèut également s'inquiéter de l'extension
prise par le monopole, qu'on fait porter même sur
les voitures qui suivent un convoi, « même sur la
« fourniture du cheval de bataille, qui, à la mort d'un
«général suit tristement le corbillard de son maître.

Faudrait-il donc s'écrier avec M. Gustave Rivet.
« A ce prix, on ne peut plus mourir » ?

Mgr Freppel ne laissa pas de justifier le statu
quo avec son art de la tribune, fait de souplesse et
de précision apparente :

1° C'est une dette de l'État vis-à-vis des fabriques, qu'il a dépouillées dans la période révo-
lutionnaire. Cet argument historique, nous l'avons
dit déjà, n'en est pas un. Que l'État, dans sa sou-
veraineté, procède à des confiscations, à des régle-
mentations, libre à lui.

2° Transporter le monopole aux communes en
ce qui concerne le service extérieur, le dédoubler
par conséquent, c'est nuire : aux fabriques, puisqu'on les appauvrit; aux particuliers, en les obligeant à payer deux fois; aux communes elles-
mêmes, en leur imposant la dépense d'un matériel

considérable, à laquelle s'ajouteront dans les grandes villes les frais d'un personnel nombreux, charges, qui pour la ville de Paris ne s'élèveraient pas à moins d'un million par an.

Argumentation spécieuse, abondante en sophismes. De ce que les particuliers auraient à payer deux établissements, peut-on affirmer qu'il aurait à payer deux fois, ce qui indiquerait le double ? Ce jeu de mots ne doit pas faire illusion. — De même, on dit que la réforme, en confiant aux communes le soin d'un matériel et d'un personnel, tourne contre elle, et on ne laisse pas entendre qu'elles y trouveront des compensations, une rénumération.

M. de la Porte, avait raison en soutenant, chiffres en main, que le revenu des fabriques s'est accru ; et que, d'autre part, le monopole méconnaît la liberté de conscience.

Vaine est la protestation émanée du conseil d'administration des Pompes Funèbres de Paris ; exagérées ses craintes et imaginaires les intérêts pratiques qu'il déclare engagés dans la question. « S'il est possible, en théorie, de scinder en deux « le service des Pompes Funèbres et de séparer le « service intérieur du transport du service intérieur ; « c'est-à-dire de la cérémonie religieuse à l'église, « si même, en fait, cette division est facile quand il « s'agit de l'enterrement des libres-penseurs, dont

« les corps sont conduits directement de leur domi-
« cile au cimetière, il en est tout autrement lors-
« qu'il s'agit des enterrements religieux de beaucoup
« les plus nombreux, car l'expérience des siècles
« s'accorde avec la raison pour reconnaître qu'alors
« l'unité d'action devient nécessaire et l'indivisibi-
« lité du service indispensable, parce que, dans
« chacune des phases et des cérémonies des funé-
« railles depuis l'exposition du corps du défunt à
« la maison mortuaire jusqu'au dernier adieu et à
« la dernière pelletée de terre jetée sur la tombe,
« l'action de la religion se manifeste pour l'honorer
« et le bénir, et exige par conséquent la subordi-
« nation du service du transport aux convenances
« de l'Eglise et aux prescriptions du culte. Que si
« au contraire le premier de ces services est déta-
« ché du second et livré à la discrétion des muni-
« cipalités, tout peut devenir et tout deviendra
« certainement, si elles sont hostiles à l'Eglise,
« l'occasion de dificultés et d'antagonisme : la
« tenture du portail et l'exposition du corps à la
« maison mortuaire, pour lesquelles les familles
« réclameraient la fourniture de signes et d'em-
« blèmes religieux, refusés par la mairie; l'heure
« du départ du convoi, celle de la présentation à
« l'église, et l'accompagnement du corps par le
« clergé à l'èglise, au cimetière, qui réclame le

« concours des deux autorités. Quel intérêt légi-
« time pourrait donc commander au législateur de
« substituer au régime actuel, qui empêche de
« pareils conflits de se produire, un régime nouveau,
« qui les ferait surgir de tous côtés ? »(1)

Ce plaidoyer pro domo contient plus de phrases
que de raisons.

La question est pendante devant les Chambres
depuis nombre d'années. Une proposition de
M. Lefebvre, député de Seine-et-Marne, tendant à
enlever aux fabriques le monopole et à faire du
service extérieur un service exclusivement municipal a été adoptée par la Chambre, le 12 novembre 1883, après avoir fait l'objet d'un remar-
quable rapport de M. de la Porte. Brève dans son
dispositif, elle supprime le privilège des fabriques
(art. 1er), elle charge le Conseil Municipal de soumettre à l'approbation du préfet le règlement d'exploitation directe ou par adjudication (art. 2),
indique le matériel nécessaire, identique pour
toutes les croyances — brancard et draps mortuaires (art. 3) — laisse à la famille la liberté de
traiter avec la fabrique quant aux cérémonies
religieuses (art. 4), interdit tous prélèvements supplémentaires et impose l'inhumation des indigents

Extrait cité à la Chambre par Mgr. Freppel. Séance du
27 octobre 1883.

(art. 5), abroge les textes antérieurs (art. 6) et, par mesure transitoire, laisse en vigueur jusqu'à leur expiration les traités existants (art. 7).

Parallèlement, la Chambre insérait dans la loi municipale, dans l'énumération des recettes ordinaires, art. 133, un paragraphe 9, qui y classait « le produit des tarifs établis pour le transport des « morts et le service extérieur des pompes fu- « nèbres, qui est dorénavant attribué aux fabri- « ques. »

Le Sénat opéra la disjonction de la proposition relative aux inhumations et la Chambre elle-même renonça à ce paragraphe 9, sur les indications du Ministre de l'Intérieur, qui péremptoirement lui fit voir que si le Sénat adoptait la loi sur les Pompes Funèbres, les ressources communales ré- sultant de cette adoption se trouveraient comprises dans le paragraphe 14, qui porte en bloc sur toutes les recettes autorisées par des lois spéciales (1).

En cet état, la proposition s'est présentée devant le Sénat, qui, suivant sa méthode ordinaire, s'est livré à un examen attentif, minutieux, exempt de préoccupations politiques, et qui a écarté le sys- tème de M. Allou, favorable au statu quo sous cette réserve qu'à défaut des fabriques les com-

(1) Voir Séance de la Chambre du 27 mars 1884. discours de M. Waldeck-Rousseau.

munes pourraient réquisitionner leur matériel (1).
Le Sénat a fait également au projet de la Chambre
des critiques fondées et, pour partie, reproduites
du discours de M. Girault.

« Attribuer le monopole aux communes, c'est
« perpétuer les lacunes et les abus, c'est mériter les
« mêmes reproches. Si l'on dit à une commune
« Vous pouvez faire votre fortune avec cela, vous
« pouvez augmenter vos revenus », elle ne s'en
« privera pas; elle voudra tirer parti de ce droit
« que vous lui donnez et elle le fera d'une ma-
« nière inégale. En Angleterre, il n'y a pas de pri-
« vilège, abandon à l'industrie privée à Londres;
« il y a un grand nombre d'entreprises, une grande
« compagnie toute spéciale et beaucoup d'autres,
« qui lui font concurrence. Et vous comprenez
« qu'avec la concurrence on arrive à des prix
« convenables. En France, avec la loi que vous
« proposez, il ne sera plus permis de porter au
« cimetière le corps d'un ami ou d'un voisin. Et
« vous appelez cela une décision démocratique,
« vous croyez que cela va satisfaire les populations
« rurales, qui ne paient aucun impôt de cette
« nature et qui, à l'avenir seront obligées de le
« payer, car c'est un impôt. Comment voulez-vous

____

(1) Séance du Sénat du 17 novembre 1885.

« l'appeler ? Les communes se feront un revenu à
« l'aide de cette remise que leur fera le monopole.
« C'est un impôt qu'elles mettront à la charge des
« habitants et qui pèsera sur eux dans des cir-
« constances bien tristes. » (1)

Le Sénat a donc élaboré et voté un nouveau
texte certainement libéral, mais qui serait moins
innovateur, puisqu'on a pu dire (2), avec exagé-
ration cependant, qu'il constitue en fait un retour
au monopole des fabriques.

ARTICLE Ier. — identique à la rédaction de la
Chambre : Suppression du monopole.

ART. 2. — « Toutefois, sur la demande des fa-
« milles, les fabriques et consistoires, réunis en
« syndicat ou agissant séparément, pourront con-
« tinuer à faire le service extérieur et les four-
« nitures des enterrements, sans que le droit
« puisse constituer un monopole. »

Ici apparait toute la différence. Au lieu de confier
le service aux communes, on laisse aux fabriques
la faculté de l'exercer. Pour quelle raison ?

1° Parce que, dit-on, la commune, n'est pas à
l'abri des passions, parce qu'il est aussi pénible à
un croyant de traiter avec un maire libre-penseur

(1) Séance de la Chambre du 29 octobre 1883.
(2) M. Chavegrin. Cours 1892-93.

qu'à un libre-penseur de s'adresser à un établissement religieux. — Assimilation simplement spécieuse, car, théoriquement et même en fait, la
commune estneutre, alors que la fabrique ne l'est
pas, par définitionmême. S'il arrive à des municipalités de prendreun caractère » confes sionnel à
rebours », c'est l'infime exception.

2° On ajoute que, « dans certains pays de mon-
« tagnes une même commune comprend souvent
« plusieurs paroisses séparées par des distances
« considérables, et présentant surtout en hiver, des
« voies de communication très difficiles. Si le
« matériel ne se trouve qu'au chef-lieu de la com-
« mune, on se heurtera à de grandes difficultés,
« on s'exposera à des retards et à des conflits entre
« l'autorité municipale et l'autorité ecclésiastique
« pour la fixation de l'heure des funérailles. » (1).
— Cet argument, à s'exprimer, se détruit. Au lieu
de concevoir des dangers imaginaires, le législateur doit s'attacher aux réalités et pourvoir aux
besoins effectifs.

2° C'est une difficulté pratique, dit-on, que l'on crée-
rait aux communes en mettant à leur charge le service extérieur, qui rapporte peu, en leur imposant
l'acquisition d'un matériel onéreux. A quoi il est

____

(1) Rapports du Sénat et à la Chambre, par M. Legludic.

aisè de répondre : que la dépense sera en rapport avec les revenus de la commune; qu'elle sera amplement compensée par les droits à percevoir; qu'il est possible à ce service, sans heurter les convenances, de suffire au moins à lui-même.

4° Le rapporteur du Sénat et après lui le rapporteur de la Chambre, au nom de la commission qui s'est ralliée au projet sénatorial, insistent comme il arrive dans la défense des causes plutôt mauvaises. « Ne peut-on pas faire entrer en ligne de compte « dans les avantages qu'offre le projet, que nous « présentons, le bénéfice, que les familles pourront « retirer de la concurrence? Tout le monde sait « qu'au moment où l'on est en proie à la douleur, « au moment, où le deuil vient cruellement frapper « une maison, on est peu disposé à discuter les « détails de tenture ou d'ornementation. C'est pourtant « tant l'heure que choisissent les pompes funèbres « pour spéculer sur la douleur et entraîner les « familles à des dépenses exorbitantes, trop souvent « en opposition avec la fortune ou même l'aisance « de la maison. La concurrence entre les deux entreprises « treprises de la commune et de la fabrique, en « provoquant la diminution et la simplification des « tarifs, sera encore la délivrance d'un ancien et « très grave abus » (1). — Ce prétendu avantage est

(1) Extrait du rapport de M. Legludic.

à nos yeux le principal inconvénient du système. Peut-on, dans cet ordre d'idées, admettre la libre concurrence, les rivalitée cupides des fournisseurs? A ces heures de tristesse, dont il est parlé, doit-on présenter et en quelque sorte imposer aux familles l'occasion de discuter les prix et de subir les offres des entrepreneurs? Sans s'en douter, la commission de la Chambre aggrave ce danger, quand elle ajoute sous prétexte de faire droit aux doléances de l'industrie privée. « Les familles restent libres de s'a-
« dresser à l'industrie privée pour les cercueils,
« lettres de décès, couronnes de fleurs, voitures
« de suite et généralement toutes fournitures
« accessoires autres que les emblèmes religieux.»

L'Art. 3. — définit la mission non plus exclusive, mais simplement parallèle des communes.

« Les communes auront le droit de posséder et
« de fournir un matériel pour le transport des
« corps et les inhumations.

« Ce matériel des communes sera le même
« pour toutes les croyances et ne portera pas d'em-
« blême. »

L'Art. 4. précise les modes d'exploitation.

« Les communes exerceront leur droit pour le
« transport des corps et les inhumations, soit en
« régie, soit par l'intermédiaire d'entrepreneurs
« ou d'adjudicataires. »

« Il en sera de même pour les fabriques et les
« consistoires.

Puis sont fixés : les droits des familles, ceux des
sociétés autorisées, ainsi que le principe de la
concurrence :

Art. 5. — « Dans les localités où les familles
« pourvoient elles-mêmes au transport et à l'en-
« terrement de leurs morts, les mêmes usages
« pourront être maintenus avec l'autorisation et
« sous la surveillance du maire, sauf approbation
« du préfet. »

Art. 6. — « Les Sociétés de secours mutuels et
« les confréries sont autorisées à fournir des draps
« mortuaires pour accompagner et honorer le cor-
« tège funéraire de leurs membres, ainsi que de
« leurs familles. Elles pourront aussi fournir le
« matériel dans les conditions de l'article 5. »

« Le même droit est reconnu aux églises autori-
« sées et non salariées par l'Etat et aux sociétés
« constituées régulièrement dans le but spécial de
« pourvoir aux funérailles de leurs membres, sous
« condition de se conformer aux règlements de la
« police applicables aux autres convois. »

Art. 7. — « Dans le cas où les communes et les
« fabriques et consistoires exerceraient simultané-
« ment les droits qui leurs sont conférés par la pré-

« sente loi, les familles seront libres de choisir celui
« des deux services qui leur convient le mieux, soit
« pour les enterrements payés, soit pour les enter-
« rements gratuits.»

Les articles 8 et 9 établissent les obligations
des communes et l'article 10 le droit de réquisition
qui doit en être la conséquence.

Art. 8. — « Si les fabriques et consistoires re-
« nonçaient au service extérieur des funérailles, ce
« service deviendrait obligatoire pour les communes,
« sauf l'exception prévue par les articles 5 et 6. »

« Les familles pourront ajouter au matériel des
« communes tous emblèmes ou ornements qui ne se-
« raient pas contraires à la décence ou à la dignité des
« funérailles et à l'ordre public. »

Art. 9. — « Dans le cas, au contraire où les com-
« munes ne croiraient pas devoir user du droit qui
« leur est conféré par les articles 3 et 4 de la présen-
« te loi, elles *devront, sur la demande des ayants
« droit*, réquisitionner le matériel possédé par les fa-
« briques et consistoires toutes les fois que ceux-ci
« se refuseraient à faire une inhumation sous un
« prétexte quelconque. »

Art. 10. — « Dans le cas de réquisition, les fabri-
« ques et consistoires sont tenus de fournir le
« matériel demandé au prix du tarif. »

« Tout refus de déférer à ces réquisitions sera
« puni d'une amende de 50 à 2000 francs. »

« Les fabriques et consistoires devront défalquer
« du chiffre par eux perçu dans ces conditions tout
« ce qui représenterait le bénéfice assuré aux fa-
« briques et consistoires, et en verser le montant
« dans la caisse des bureaux de bienfaisance. »

La tarification, la règlementation sont ensuite
fixées, et l'article 17 maintient le monopole des fabriques au sujet du service intèrieur alors que dans
le texte de la Chambre il n'en était rien.

ART. 17. — « Les fabriques et consistoires con-
« servent le droit de fournir les objets destinés au
« service des funérailles dans les édifices religieux
« et à la décoration intérieure et extérieure de
« ces édifices. »

Dans son ensemble, ce système a le tort de ne
porter atteinte au régime existant que pour l'ag-
graver en y insérant la possibilité de la concurrence
dont le danger était, dès le premier jour, apparu

« C'est laisser à la fabrique, sans qu'elle aît be-
« soin pour cela d'autorisation légale, le moyen de
« conserver le monopole qu'elle détient et refuser
« en revanche à la liberté de conscience les garan-
« ties auxqu'elles elle a droit. Soutenir la cause

« de cette concurrence, c'est aller directement à
« l'encontre de l'intérêt, même purement pécu-
« niaire, des familles. Et pourquoi? Parce que le
« service des inhumations n'offre pas partout des
« bénéfices tels que l'industrie privée doit tentée
« de l'organiser. Parce qu'il ne se creéera que peu
« d'entreprises. Or ne pouvoir s'adresser qu'à une
« entreprise ou même à deux, c'est en réalité se
« trouver en présence d'un monopole. Vis-à-vis de
« ce monopole de de fait, avec lequel elles auraient
« à discuter, les familles ne seraient pas dans une
« situation de liberté suffisante » (1).

Le texte voté par le Sénat et finalement admis
par la commission de la Chambre n'a pas été
encore adopté par cette dernière assemblée.

Nous lui préférons, et nous avons dit pourquoi,
le projet Lefebvre, qui fut repris par M. Lagrange
sous forme d'amendement et qui a le mérite d'être
véritablement innovateur, net, simple, laïque et
libéral. Que la Chambre des Députés (2) le reprenne
intégralement et le fasse aboutir, puisqu'aussi bien
cet exemple prouve que les concessions telles que
les proposait son rapporteur ne hâtent pas les
solutions.

(1) Séance de la Chambre du 29 octobre 1883. Discours de M.
de la Porte.

(2) Dans sa séance du 28 mai 1896 et sur la propositon de
M. Rabier, elle a remis la question à l'ordre du jour.

CONCLUSION

Il est peut-être permis de conclure :

Que ce régime des Rapports des Communes et des Fabriques s'inspire moins de principes que de nécessités pratiques ; qu'il n'est pas absolu et simpliste, comme le pourrait être la séparation, c'est-à-dire la suppression de ces rapports, ou la confusion, c'est-à-dire l'absorption de toutes les charges du culte dans les obligations communales ;

Qu'il présente plutôt l'harmonie complexe des organisations administratives avec l'idée permanente de droits et obligations de chacune des parties ;

Que justifié par l'expérience il se rapproche, à cet égard, de notre régime concordataire, dont on peut contester le fondement rationnnel, mais non pas nier les avantages, et de notre régime constitutionnel, qui pour, n'avoir pas été construit à priori et sur les données simples de dogmes absolus, a duré et peut durer encore sans appeler nécessairement une révision ;

Qu'amendé ainsi qu'il l'a été en 1884, en 1892-93

et qu'il le sera par la suppression partielle, dans un sens laïque, du monopole des Pompes Funèbres, cet état des Rapports entre communes et fabriques est une des parties les moins défectueuses de notre législation des cultes.

Qu'il est sage de le maintenir, de le conserver.

L'ère des Concordats ne fera-t-elle pas place à la séparation des Églises et de l'État ? Si celle-ci se réalisait, ce ne serait pas « l' Église libre dans l'État libre » comme on l'a dit, car l'Etat ne pourrait pas reconnaître la personnalité de l'Église, ni des subdivisions administratives de celle-ci. L'État ignorerait l'Église comme puissance. Seulement il reconnaîtrait des associations, qui géreraient les intérêts religieux à titre individuel, telles que les *fabriques* (1).

Voilà précisément ce qu'il ne faut ni méconnaître ni oublier. A bouleverser le régime existant, l'État trouverait plus d'inconvénients que d'avantages.

(1) Hauriou, op. cit.

Vu : *Le président de la thèse.*
WEISS.

Vu : *Le doyen de la Faculté.*
COLMET DE SANTERRE

VU ET PERMIS D'IMPRIMER,
Le Vice-Recteur de l'Académie de Paris,
GRÉARD.

TABLE DES MATIÈRES

Paris. — Imprimerie Troublé, 7 *bis*, boulevard de Vaugirard.

Paris. — Imprimerie TROUBLÉ, 7 bis, boulevard de Vaugirard.